大東輿地圖

도편 최선웅 ─ 글 민병준

한글 대동여지도

이 책의 특징

1 한글 표기 축소판 〈대동여지도〉

1861년 신유본(辛酉本) 〈대동여지도〉의 지도 122도엽을 각각 약 65%로 축소하여 모든 지명과 주기에 한글을 병기하였다.

2 독도와 거문도 추가

〈대동여지도〉에 표기되지 않은 독도인 우산도(于山島)와 거문도인 삼도(三島)를 지도에 추가하고, 틀린 지명도 가능한 범위 내에서 수정하였다.

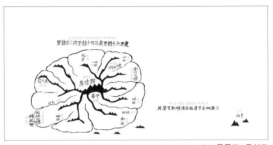

14-1 울릉도·우산도

이 책의 구성

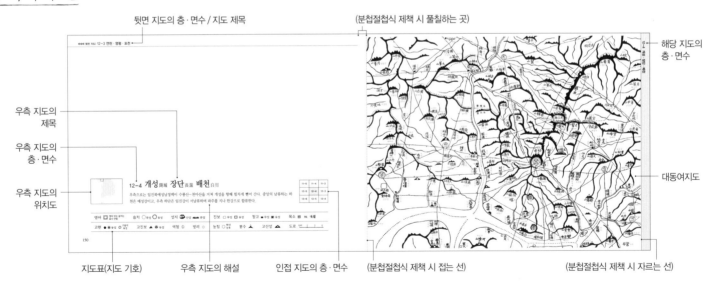

뒷면 지도의 층·면수 / 지도 제목

(분첩절첩식 제책 시 풀칠하는 곳)

해당 지도의 층·면수

우측 지도의 제목

우측 지도의 층·면수

우측 지도의 위치도

12-4 개성開城 장단長湍 배천白川

대동여지도

지도표(지도 기호)

우측 지도의 해설

인접 지도의 층·면수

(분첩절첩식 제책 시 접는 선)

(분첩절첩식 제책 시 자르는 선)

대동여지도의 특징

1 전국을 일정한 크기로 구획한 지도

〈대동여지도〉는 우리나라 전국을 가로 39.5cm, 세로 29.5cm의 일정한 크기로 남북 22층, 동서 2~8면으로 구획하여 총 120도엽으로 이뤄진 지도로서 현대의 지형도와 같은 지도라 할 수 있다. 전국 120도엽을 모두 연접하면 가로 약 3.8m, 세로 약 6.7m의 대형 전국지도가 된다.

2 방격(方格)에 의한 일정한 축척

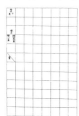

〈대동여지도〉1-1 도엽에 실려 있는 가로 8칸, 세로 12칸의 방격표(方格標)는 지도를 반으로 접은 크기로, 이것으로 지도상의 거리와 지도의 축척(縮尺)을 계산해 낼 수 있다. 매방십리(每方十里)는 한 칸이 10리라는 뜻이고, 매편 종백이십리 횡팔십리(每片 縱百二十里 橫八十里)는 방격표 한 편의 세로가 120리, 가로가 80리라는 뜻이다. 십사리(十四里)는 대각선 거리이다. 〈대동여지도〉의 축척은 10리가 4km이면 160,000분 1이 되고, 5.4km이면 216,000분의 1이 되며, 방격표의 거리로 계산하면 약 162,000분의 1이 된다.

〈대동여지도〉 방격표

3 목판 인쇄(木版印刷) 지도

〈대동여지도〉는 대량 보급을 위해 목판으로 제작되었다. 목판의 재질은 피나무이며, 크기는 가로 약 43cm, 세로 약 32cm, 두께 약 1.5cm이다. 〈대동여지도〉는 총 126면이나 목판은 앞뒤로 사용하고 내용이 적은 지도는 한 판에 두 지도를 새겼기 때문에 목판의 수는 60장 정도로 추정된다. 현재 남아 있는 목판은 12장으로 국립중앙박물관에 11장, 숭실대학교 한국기독교박물관에 1장이 소장되어 있다.

4-3 갑산의 목판 (자료 : 국립중앙박물관)

4 분첩절첩식(分帖折疊式) 제책

〈대동여지도〉를 각 층(또는 첩)별로 지도를 접합한 뒤 반으로 지그재그로 접으면 병풍처럼 펼쳐 볼 수 있는 분첩절첩식(分帖折疊式) 제책이 된다. 제책한 최종 크기는 가로 19.8cm, 세로 29.8cm로 보관과 휴대에 편리하고, 이웃한 층끼리 붙여 넓은 지역을 볼 수 있다.

〈대동여지도〉 전도

〈대동여지도〉의 분첩절첩식 제책 (자료 : 국립중앙박물관)

대동여지도 읽기

1 지형의 표현

산줄기와 산

산줄기는 조선 전통의 《산경표(山徑表)》에 따라 백두대간(白頭大幹)은 가장 굵게, 그 다음 정맥(正脈), 지맥(支脈) 순으로 굵기를 달리하여 산봉우리가 연이어 솟은 톱니 모양으로 표현하였다. 산의 모습은 산의 특징을 살려 묘사하였는데, 백두산은 웅장하게, 금강산은 1만 2천 봉으로 아름답게, 그밖에 이름난 산들은 봉우리 위에 바위를 덧그렸고, 평범한 산들은 봉우리만 3개 이상 두드러지게 묘사하였다.

물줄기와 못

쌍선(雙線)으로 그려진 하천은 조선시대에 배가 다닐 수 있는 가항수로(可航水路)로, 하류 쪽은 폭이 넓고 상류로 갈수록 폭이 좁아진다. 단선(單線) 하천도 하류는 굵게 상류는 가늘고 뾰족하게 물줄기의 모습대로 묘사하였다. 못은 자연 호수와 인공 못으로 구분되며, 그에 따라 명칭도 달라진다.

섬과 바위섬

강화도나 진도 같은 큰 섬은 섬 내에 육지와 같은 산줄기를 그리고, 그보다 작은 섬은 해안선과 작은 산줄기를, 아주 작은 섬은 산봉우리 2~5개로만 묘사하였다. 바위섬은 삐죽삐죽한 돌조각 모양으로 1개 또는 여러 개로 묘사하였다.

2 도로

〈대동여지도〉에 그려진 도로는 모두 직선으로, 간선도로에는 일정한 간격으로 눈금이 그려져 있다. 지도표 대로 한 눈금의 거리는 10리고, 지형에 따라 간격이 달라져 평지에서는 2.5cm이고 산지에서는 1.5cm밖에 되지 않는다. 조선시대에는 도성을 중심으로 10대로가 있었는데 1대로는 의주(義州), 2대로는 경흥(慶興), 3대로는 평해(平海), 4대로는 동래(東萊), 5대로는 봉화(奉化), 6대로는 강화(江華), 7대로는 수원(水原), 8대로는 해남(海南), 9대로는 충청수영(忠淸水營), 10대로는 통영(統營)에 이르는 도로이다.

3 지도표

영아(營衙) □
군영(軍營)에 관한 일을 하는 관아로 병영(兵營), 수영(水營), 감영(監營), 행영(行營) 등이 있다. '영재읍치측무표(營在邑治則無標)'는 군영이 읍치에 있어 기호를 생략한다는 뜻이다.

읍치(邑治) ◎무성 ○유성
전국 334개 지방행정 단위의 소재지로 성(城)이 있으면 쌍선 원으로, 성이 없으면 단선 원으로 표시하고 원 내에 고을 이름을 표기하였다.

성지(城池) 🌋산성 ⛰관성
적을 방어하기 위하여 쌓은 성(城)과 그 둘레에 파 놓은 못(池)으로, 지도에서는 산성(山城)과 관성(關成)을 뜻한다.

진보(鎭堡) □무성 ▢유성
방어를 위해 쌓은 진지로 군사시설로서의 진(鎭)과 보(堡)를 뜻한다. 성(城)이 있으면 쌍선 사각형, 성이 없으면 단선 사각형으로 표시한다.

창고(倉庫) ■무성 ▣유성
창(倉)은 곡류를 저장하는 곳이고, 고(庫)는 병기나 의장(儀仗), 포류(布類)를 저장하는 곳으로 성(城)이 있는 것과 없는 것으로 구분한다.

목소(牧所) 🏇牧 場屬
행정이나 군사적으로 필요한 말을 기르던 관영목장(官營牧場)으로 사각형 내에 '牧(목)' 자를 쓴 기호는 종6품(從六品) 감목관(監牧官)이 관장하던 곳이다.

고현(古縣) ● ◉유성 ◎구읍지 유성
폐지된 부·목·군·현의 소재지로 성(城)이 있는 곳과 성이 없는 곳, 구읍지(舊邑址)로 성이 있는 곳 등 세 가지로 구분한다.

고진보(古鎭堡) ▲ ⏏유성
옛 진(鎭)과 보(堡)로 성(城)이 있는 곳과 성이 없는 곳으로 구분한다.

역참(驛站) ⊙
역(驛)은 주요 도로에 약 30km 간격으로 설치되어 공무 여행자에게 말과 숙식을 제공하는 곳이고, 참(站)은 역과 역 사이에서 휴식을 취하는 곳이다.

방리(坊里) ○
하급 지방행정구역의 명칭으로 지금의 읍·면·동에 해당된다.

능침(陵寢) ○ 원내 능호
임금이나 왕비의 무덤으로, 원 내에 능호(陵號)의 첫 글자를 적었다.

봉수(烽燧) ▲
봉수는 횃불과 연기로 변방의 긴급한 정세를 중앙에 신속하게 알리는 통신 제도로, 지도에는 군사적 통신 목적으로 설치된 봉수대가 표시되어 있다.

고산성(古山城) ⛰
옛 산성이나 폐지된 산성을 뜻한다.

파수(把守) △
'파수'란 '경계하여 지킨다'는 뜻으로 조선시대 변방의 초소나 궁궐문, 도성의 성곽을 수비하는 군인을 말한다.

경계(境界) ·······
〈대동여지도〉에 점선으로 그려진 경계는 전국 334개 군현계이다. 또한 74개에 이르는 월경지(越境地)도 군현계와 같은 점선으로 그려져 있다.

4 지명

〈대동여지도〉에 수록된 지명은 총 11,675개로, 이 가운데 자연 지명은 산·고개·하천·못·섬·해안·평야에 관련된 지명이고, 인문 지명은 행정·취락·경제·교통·군사·문화와 관련된 지명이다.

〈대동여지도〉의 오기 지명 수정

9-3 위가산(委架山) → 왜가산(倭架山)
9-3 파탄(波灘) → 기탄(歧灘)
10-3 하풍산(霞風山) → 하람산(霞嵐山)
10-5 망덕(望德) → 망덕산(望德山)
11-3 내빙산(來氷山) → 주빙산(朱氷山)
12-3 패악령(牌○侖嶺) → 패악령(牌嵜嶺)
14-5 중목포(中木浦) → 중방포(中防浦)

15-1 허대(虛坮) → 능허대(凌虛坮)
15-4 세운치(細雲峙) → 납운치(納雲峙)
15-6 횡자(橫者) → 횡간(橫看)
16-3 공천(公川) → 송천(松川)
16-4 소현(少峴) → 사현(沙峴)
16-4 풍시(豊是) → 풍제(豊堤)
16-5 와보(瓦甫) → 와포(瓦浦)

17-4 사슬사(沙瑟寺) → 사슬치(沙瑟峙)
18-2 갈시(葛闇) → 갈현(葛峴)
18-3 도굴산(崐窟山) → 자굴산(闍窟山)
20-2 전포(田浦) → 곡포(曲浦)
20-5 대십팔리(大十八里) → 대천팔리(大千八里)
20-5 소십팔리(小十八里) → 소천팔리(小千八里)

차례

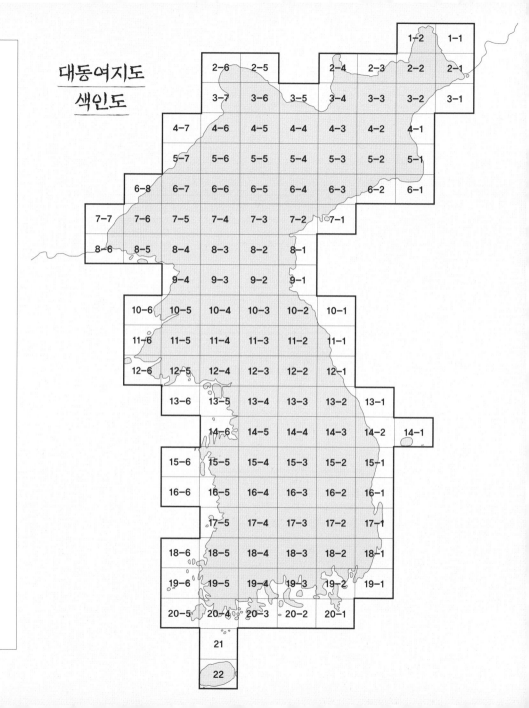

대동여지도
색인도

도성도 都城圖

한양을 둘러싼 내사산 산줄기를 연결해 쌓은 한양 성곽 안을 자세히 보여 주는 지도다. 국가 경영에 필요한 주요 건물들이나 성 안의
사정을 자세히 표현하고 있는 도성도는 조선시대 낱장으로도 인기 있는 지도였다.

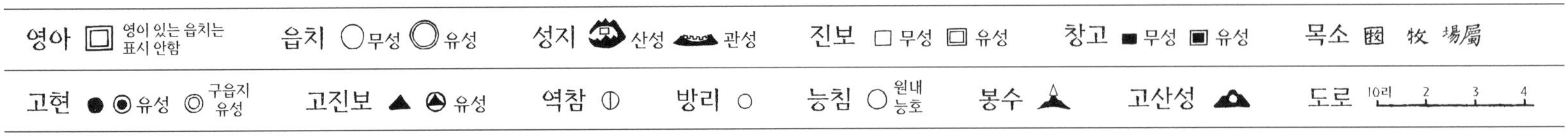

영아 □ 영이 있는 읍치는 표시 안함	읍치 ◯ 무성 ◎ 유성	성지 �(산성) 〰️ 관성	진보 □ 무성 ▣ 유성	창고 ■ 무성 ▣ 유성	목소 🈯 牧 場 屬
고현 ● ◉ 유성 ◎ 구읍지 유성	고진보 ▲ ⏃ 유성	역참 ① 방리 ◯	능침 ◯ 원내 능호	봉수 ▲	고산성 ⏃ 도로 10리 2 3 4

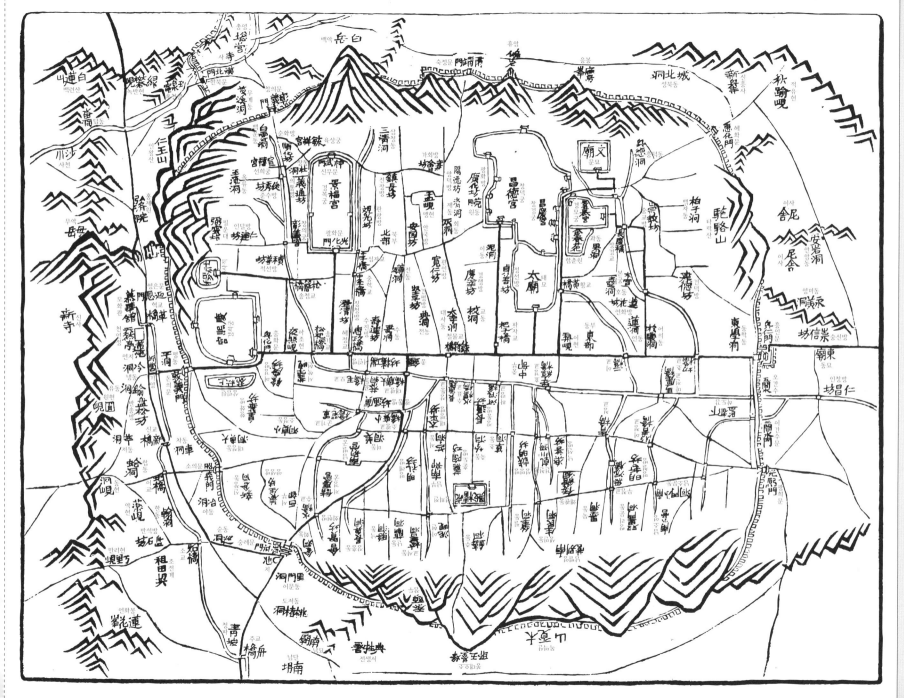

경조오부 京兆五部

조선의 도읍지인 한양의 중심부와 성 밖 10리까지 한성부의 전체 구역을 넓게 보여 준다. 성 안은 간략하게 도로만 그렸고, 성 밖 지역
은 산줄기와 물줄기, 도로를 중점적으로 표현하고 있다.

영아	□ 영이 있는 읍치는 표시 안함	읍치	○ 무성 ◎ 유성	성지	☖ 산성 ▱ 관성	진보	□ 무성 ▣ 유성	창고	■ 무성 ▣ 유성	목소	囡 牧 場屬
고현	● ◉ 유성 ◎ 구읍지 유성	고진보	▲ ▲ 유성	역참	①	방리 ○	능침	○ 원내 능호	봉수 ▲	고산성 ▲	도로 10리 2 3 4

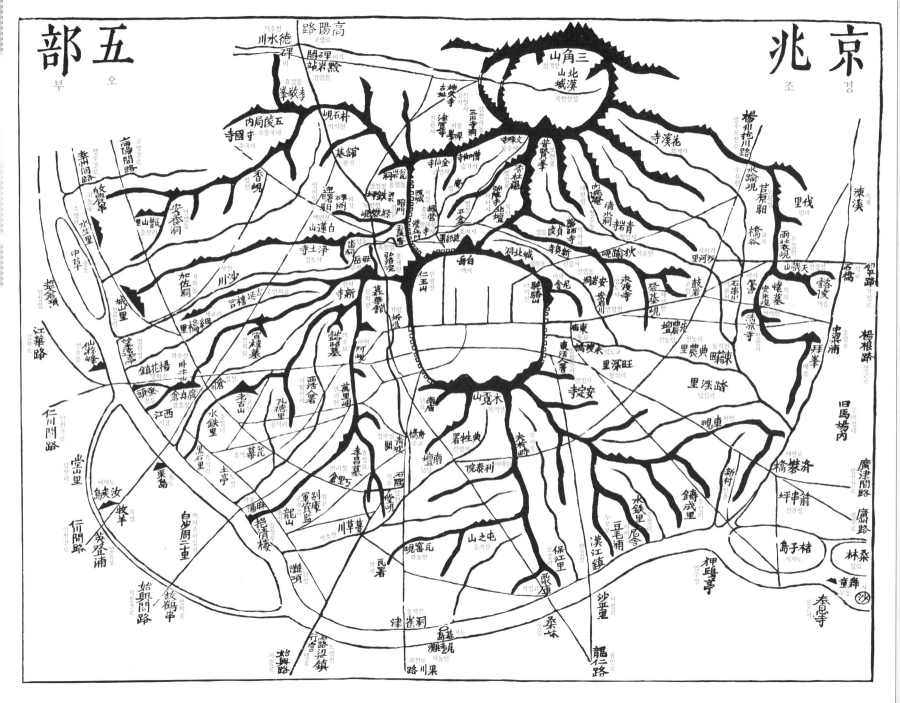

1-1 훈융訓戎 안원安原

두만강 중하류, 동북 6진의 하나인 함경도 경원 지역이다. 강줄기를 따라 훈융, 안원 등 여진의 침입을 막기 위해 설치한 진보와 봉수들도 보인다.

| 1-2 | 1-1 | |
| 2-2 | 2-1 | |

| 영아 □ 영이 있는 읍치는 표시 안함 | 읍치 ○무성 ◯유성 | 성지 ⬙산성 ～관성 | 진보 □무성 ▣유성 | 창고 ■무성 ■유성 | 목소 圐 牧 場屬 |
| 고현 ●◉유성 ◎구읍지 유성 | 고진보 ▲ ◭유성 | 역참 ① | 방리 ○ | 능침 ○원내 능호 | 봉수 ▲ | 고산성 ◮ | 도로 10리 2 3 4 |

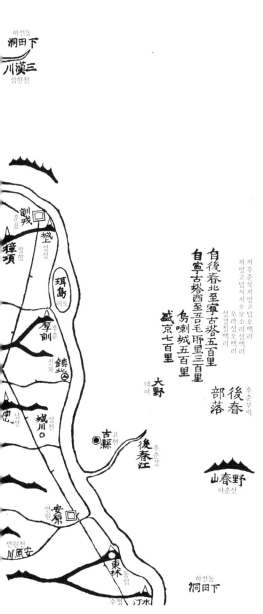

하전동
洞田下
川漢三
삼한천

訓戎 훈융
城上 성상

獐項
珥島 이도

厚訓 후훈
鎭北 진북

城川
古縣 고현
後春江 후춘강

大野 대야

後春部落 후춘부락

盛京七百里

自寧古塔西至吾毛邪里三百里
자영고탑서지오모소리삼백리

烏喇城五百里
오라성질오백리

自後春北至寧古塔五百里
후춘북지영고탑오백리

山春野 아춘산

安原 안원
안원천 川原安

東林 동림

汀水 수정

每方十里 매방10리							
每片 橫八十重 縱百二重 횡80리 종120리							
壹里 14리							

1-2 온성穩城 종성鐘城 경원慶源

강줄기에 '두만강'이라는 지명이 선명한 이 일대는 우리 국토 최북단에 해당되는 함경도 국경 지역이다. 세종 때 김종서가 여진족을 몰아내고 개척한 동북 6진의 최북단 지역이기도 하다.

	1-2	1-1
2-3	2-2	2-1

영아 ▣ 영이 있는 읍치는 표시 안함		읍치 ○무성 ◎유성		성지 🏔산성 ⛰관성		진보 □무성 ▣유성		창고 ■무성 ▣유성		목소 圀 牧 場屬	
고현 ●◉유성 ◎구읍지 유성		고진보 ▲ ◬유성		역참 ①	방리 ○	능침 ○원내 능호		봉수 ▲	고산성 ⛰	도로 10리 ─2─3─4	

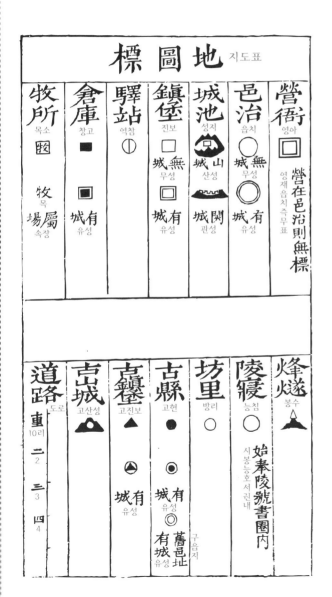

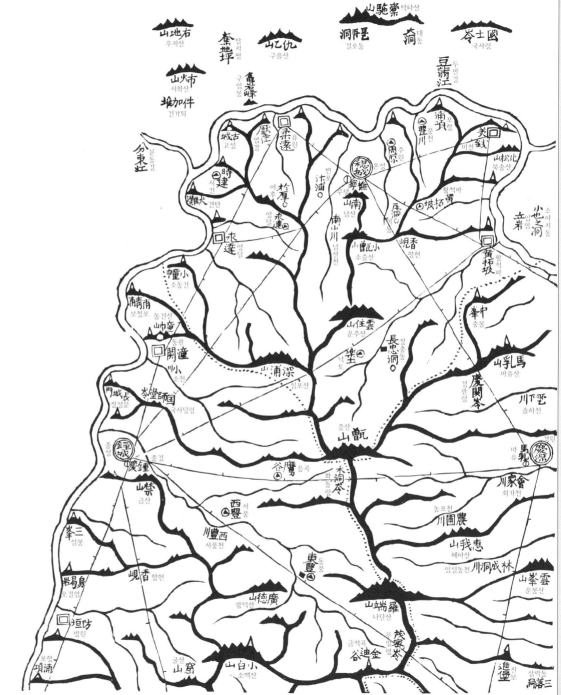

2-1 경흥慶興 녹둔도鹿屯島

세종 때 개척한 동북 6진 중 두만강 가장 하류에 위치한 경흥 지역이다. 두만강 하구의 녹둔도는 조선 후기까지 우리 땅이었으나 1860년 베이징조약으로 현재는 러시아 영토로 편입된 상태이다.

1-2	1-1	
2-2	2-1	
3-2	3-1	

영아	▢ 영이 있는 읍치는 표시 안함	읍치	◯ 무성 ◎ 유성	성지	⛰ 산성 🔺 관성	진보	▢ 무성 ▣ 유성	창고	■ 무성 ▣ 유성	목소	🈺 牧場屬
고현	● ◉ 유성 ◎ 구읍지 유성	고진보	▲ 🔺 유성	역참	①	방리	◯	능침	◯ 원내 능호	봉수	▲	고산성	🔺	도로	10리 2 3 4

川芿吾 오롱천
草芿吾 오롱초
乾原 건원
古阿 고아산
山阿 아산
退加件 긴가퇴
阿山 아산
嶺 고개
岩鮮 아오지
山岳白 백악산
明德 덕명
信有 유신
川洞耕農 농경동천
撫 아오지
阿吾地 아오지
慶興 경흥
八池 팡지
田麻 마전
密星坪
岑猪 저령
峯角黑 흑각봉
村塘金 금당촌
峯角香 향각봉
幹東 이동봉
山串羊岳 악양관산
瑟海 슬해
時錢坪 시전평
納吉坪 납납고평
項浦 포항
德望 망덕
德林咸 참림덕
陵德古 고덕릉
岩財 사용대
池赤 적지
池游鯉 이유지
屆浦 신신포
山里豆 두리산
廣峴 광석현
造山 조산
山南 남산
海浮 해정
牛岩 우암
島屯鹿 녹둔도
巨峴 틴현
山城川 대지산성
池大 대지
雙峴 쌍리
檜洞川 회동천
檜洞 회동
板洞 판동
撫安 무안
山真松 송진산
普賢寺 보현사
德蓮金 금련덕
白岳山 백악산
項綏胡 훈완항
池 지
雄耳 옹이
池南 지
羅水西 서수라
望海臺 망해대
烏曷巖 오갈암
德桂鉄 철주덕
安和 안화
慶源海津 경원해진
山岳白 백악산
山丘芦 노구산
撍浦 굴포
赤 적
岜項 비파항
卯 난

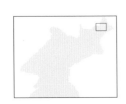

2-2 회령會寧 행영行營

두만강 중류 지역으로서 동북 6진의 하나인 함경도 회령이 보인다. 국경답게 여진족의 침입에 대비하기 위해 강변을 따라 수많은 진보와 봉수들을 설치하였다.

	1-2	1-1
2-3	2-2	2-1
3-3	3-2	3-1

영아 □ 영이 있는 읍치는 표시 안함	읍치 ◯무성 ◯유성	성지 🏔산성 ⚓관성	진보 □무성 ▣유성	창고 ■무성 ▣유성	목소 ⊞ 牧 場屬
고현 ● ◉유성 ◎구읍지 유성	고진보 ▲ ⬟유성	역참 ①	방리 ◯	능침 ◯원내 능호	봉수 ▲	고산성 ⛰	도로 10리 2 3 4

細川 세천
山瓶 옹산
嶺德狾 독덕현
德皮 피덕
乾 건원
乾 德川 덕천
王炻 옹기
山錦 금산
古邑 고읍
嶺高 고령
山豊花 화풍산
蒼竹 죽포
德池內 내저덕
山泉林 임천산
行管 행영
安撫 무안
穩城地 온성지
山香塔 탑향산
乾 若站
德山 산
山壽万 만수산
溪秋中 중추계
雲北 영북
雲頭峯 운두봉
甫下
新豊 신풍
豊山
古炻坮 고연대
上門峴
川城 성천
八下川 팔하천
會寧 회령
安寧 영안
上溪涪 부계상
姜八峴
峯南 남봉
甫下
南豊 영풍
下門峴
利豊 이풍
幹木河 압록하
山峯五 오봉산
細谷 세곡
鹿下 녹하
市川 시천
독라계
峯松 송봉
山豊小 소풍산
山圓 원산
山崇德 숭덕산
螺岩 나령
鳩岩 구암
柳胡 영
防山 병산
松尙峴
峯中 중봉
新 신
漁雲洞川 어운동천
川通灵 영통천
山通灵 영통산
灵山 영산
明嚴山
渔雲洞 어운동
長豊 정풍
鹿上 녹상
鹿野峴 녹야현
德奉 봉덕
嶺鞍安 안현
天柱寺 천주사
洪安洞 홍안동
梨峴 이현
古豊山
古景寺
茂山岑
古路
上茂山
應召岑 가응석령
金尙岑 천이상령

2-3 무산茂山

두만강 상류의 함경도 무산은 백두산 아래 첫 고을이요, 하늘 아래 첫 고을이다. 무산을 중심으로 역로와 봉수가 잘 나타나 있으나 백두산 가깝게 갈수록 정보가 적어진다.

		1-2
2-4	2-3	2-2
3-4	3-3	3-2

영아	⬚ 영이 있는 읍치는 표시 안함	읍치 ○무성 ◎유성	성지 🏔산성 ⛰관성	진보 ☐무성 ▢유성	창고 ■무성 ▣유성	목소 ⊞ 牧 場屬
고현 ●◉유성 ◎구읍지 유성		고진보 ▲ ⬟유성	역참 ①	방리 ○	능침 ○원내 능호	봉수 ▲	고산성 ⛰	도로 10리 2 3 4

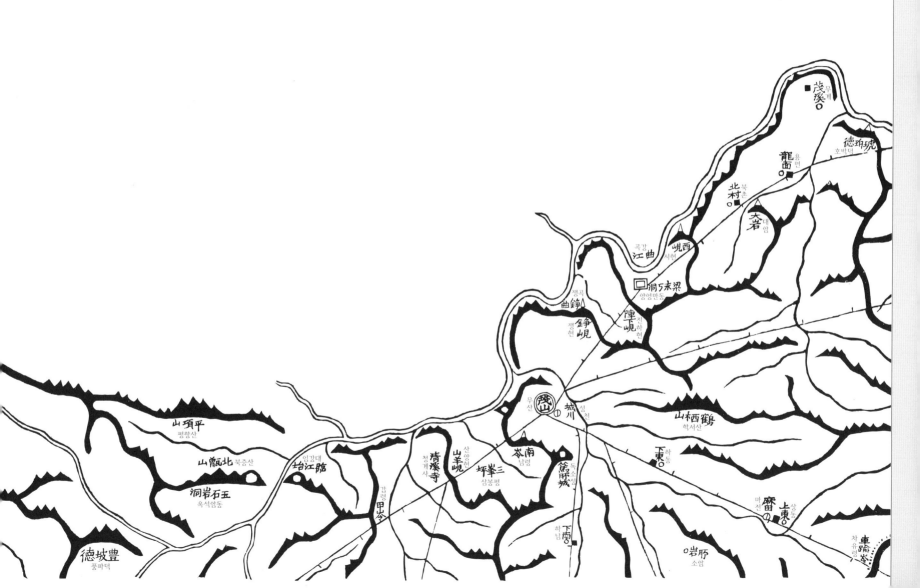

茂溪○ 무계

德琦琥
호박덕

龍面○ 용면

北村 북촌

大岩 대암

江曲 곡강

峴西 서현

梁永5洞 양영만동

錚峴 쟁현

曲鎮 진하현

陳峴

茂山 무산

城川 성천

山栖鶴 학서산

德坡豊 풍파덕

洞岩石五 옥석암동

山甑北 북증산

臨江 임강대

甲令 갑령

淸溪寺 청계사

山羊峴 산양천

三峰坪 삼봉평

岺南 남령

籃形城 독소성

下東 하동

下南 하남

噯肵 소암

麿上東 상동 막전

車踰峯 차유봉

2-4 백두산 白頭山 천평 天坪

우리 민족의 영산인 백두산은 어느 산보다 특별히 신령스런 느낌으로 표현하였다. 예로부터 '대지'라고 불리
던 천지, 청나라와 국경을 정하고 세운 정계비와 석퇴, 목책 등이 보인다.

	2-4	2-3
3-5	3-4	3-3

영아	□ 영이 있는 읍치는 표시 안함	읍치 ○무성 ◯유성	성지 🏔산성 ⛰관성	진보 □무성 ▣유성	창고 ■무성 ■유성	목소 🈲 牧 場屬
고현 ● ◉유성 ◎ 구읍지 유성		고진보 ▲ ⛰유성	역참 ① 방리 ○	능침 ○원내 능호	봉수 ▲ 고산성 ⛰	도로 |○리 2 3 4

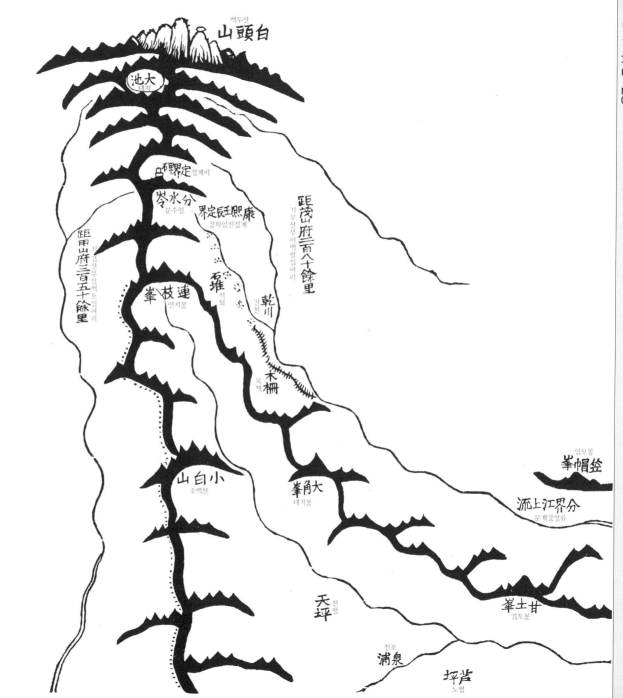

2-5 여연 閭延

압록강 중상류의 함경도 후주 지역이다. 세종 때 서북방에 개척한 4군의 하나인 여연이 위치한다. 하지만 세조 때 폐군이 되면서 고현이 되었다.

2-6	2-5	
3-7	3-6	3-5

영아 ☐ 영이 있는 읍치는 표시 안함	읍치 ○무성 ◎유성	성지 🏔산성 ⛰관성	진보 ☐무성 ▢유성	창고 ■무성 ▣유성	목소 🏕 牧 場屬
고현 ●◉유성 ◎구읍지 유성	고진보 ▲ ⬟유성	역참 ①	방리 ○	능침 ○원내 능호	봉수 🔺 고산성 ⛰ 도로 10리 2 3 4

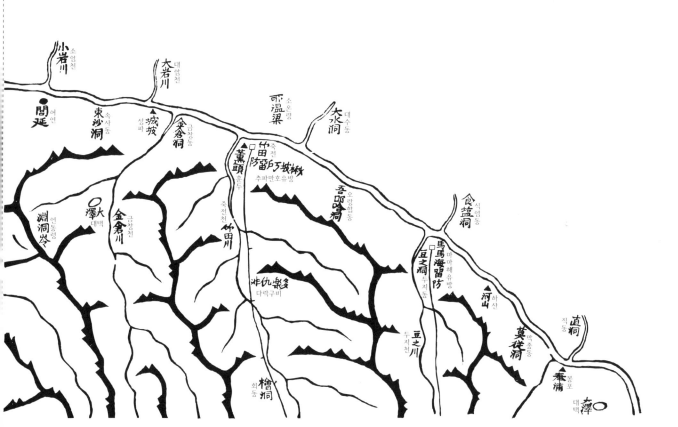

2-6 중강동구평 中江洞口坪

압록강 중류의 중강진 지역으로서 조선 초기에는 4군의 하나인 평안도 여연 땅이었고, 후기에는 함경도 후주에 속하였다. 고진보들 외에는 도로나 봉수 정보가 전혀 없다.

	2-6	2-5
	3-7	3-6

영아	□ 영이 있는 읍치는 표시 안함	읍치	○ 무성 ◎ 유성	성지	⛰ 산성 ⛰ 관성	진보	□ 무성 ▣ 유성	창고	■ 무성 ■ 유성	목소	⊞ 牧 場屬
고현	● ◉ 유성 ◎ 구읍지 유성	고진보	▲ ▲ 유성	역참	①	방리	○	능침	○ 원내 능호	봉수	▲	고산성	▲	도로	10리 2 3 4

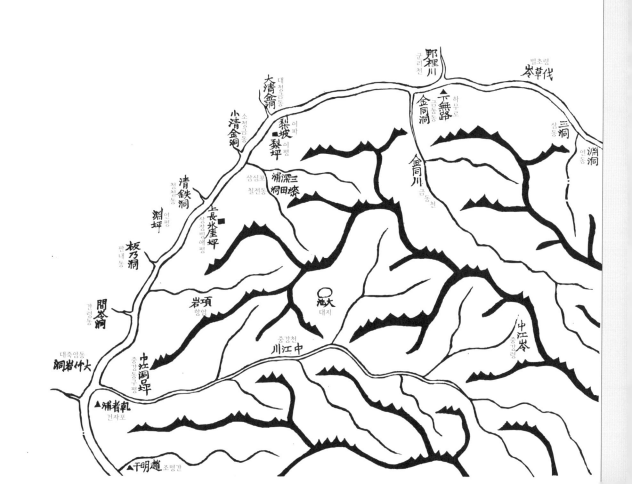

3-1 대초도大草島 조산造山

조선 초기 동북 6진에 포함된 지역이었다. 해안가에 부령에서 경흥을 잇는 도로가 나 있는데, 신진은 대초도
와 소초도가 천혜의 방파제 역할을 하는 지금의 나진항 일대다.

2-2	2-1	
3-2	3-1	
4-1		

영아	⬚ 영이 있는 읍치는 표시 안함	읍치	○무성 ◎유성	성지	⛰산성 〰관성	진보	☐무성 ◻유성	창고	■무성 ▣유성	목소	圃 牧 場屬
고현	●◉유성 ◎구읍지 유성	고진보	▲ ⬥유성	역참	①	방리	○	능침	○원내 능호	봉수	▲	고산성 ⬥	도로 10리 2 3 4

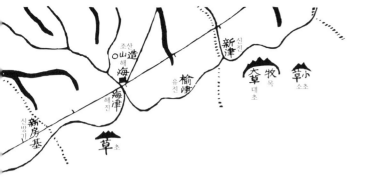

3-2 부령富寧 어유간魚游澗

동북 6진 중 가장 후방에 있는 부령은 조선 초기 세종 때 김종서가 6진을 개척할 때 총 지휘본부 역할을 하던 곳이다. 청암산과 타락산 사이의 청진은 지금의 청진항이다.

2-3	2-2	2-1
3-3	3-2	3-1
4-2	4-1	

영아 ▢ 영이 있는 읍치는 표시 안함	읍치 ○무성 ◎유성	성지 🏔산성 ⛰관성	진보 □무성 ▣유성	창고 ■무성 ▦유성	목소 🔢 牧 場屬
고현 ●무성 ◉유성 ◎구읍지 유성	고진보 ▲ ⬠유성	역참 ①	방리 ○	능침 ○원내 능호	봉수 🔺	고산성 ⛰	도로 10리

上사 상사

塚泉寺洞 양여울만동
舞袖 무수
廢葛山 폐무수산

德麻嶺 갈마덕
白沙峯 백사봉
山峯雲 운봉산
山彬 역산

錢掛峴 전괘현
고랑기천
高嶺 고령재

老毛黑 흑모로
歲 무산

冬郎山 동랑산
진주지
紫淵 자연
池珠眞

檣海 역신해
又岩 쌍개암

千水岩 천수암

伏胡峯 복호봉

利津 어진
板長 판장

富寧 부령
西川 서천

生禮峴 생레현

梵海山 문산해만
加鷄端 가린단
又同津 만동진

洞葛多 다갈동

南峯 남봉
山幕石 석막산
山里豆 두리산
連川 어천

洞通虛 허통동
大川 대천
多葛令 다갈령
富寧 부거
懷綏 쇠수
益嶺峯

東浦 동포진

仇探谷 상탐령
兄弟岩 형제암해안
山溪淸 청계산
南錫寺 남석사
三浦 삼일포
海迁岩

泉 천정
仇正坂 구정판
廣朝坂 광조령
池浦南 남포진
沙同津 사동진

麻雁硯 허수리천
山田漆 칠전산
幕石 석막
廣院 광제원
池浦
津浦

老峯 노봉
廢富山 폐무수산
潭壯省 자장담
靑岩 청암
昆滿津 곤포진
紫谷

峴谷松 송곡현
山峯回 봉사산
山駝駱 타락산

靈峯山 설봉산
輪嶺 수성령
靑龍寺 청룡사
靑津 청진

立岩 직산
遮山 차산
魚遊澗 어유간
蕾城川 성천
靑岩山 청암산

扁岑 거문령
項撑 장항
德姜 강덕
池浦長 장포지
靑岩
五岩岩 오대암

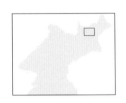

3-3 삼산三山 연면延面

지도에 나타난 지역은 함경북도 무산 지역으로 백무고원의 일부다. 두만강 지류 가운데 규모가 큰 하천들이 모두 이곳을 흘러간다. 우측 하단의 마유령은 장백정간이다.

2-4	2-3	2-2
3-4	3-3	3-2
4-3	4-2	4-1

영아	☐ 영이 있는 읍치는 표시 안함	읍치	◯무성 ◉유성	성지	🏔산성 ⛰관성	진보	☐무성 ▣유성	창고	▪무성 ◼유성	목소	圈 牧 場屬
고현	● ◉유성 ◎구읍지유성	고진보	▲ ⏶유성	역참	①	방리	◯	능침	◯원내능호	봉수	▲	고산성	◭	도로	10리 2 3 4

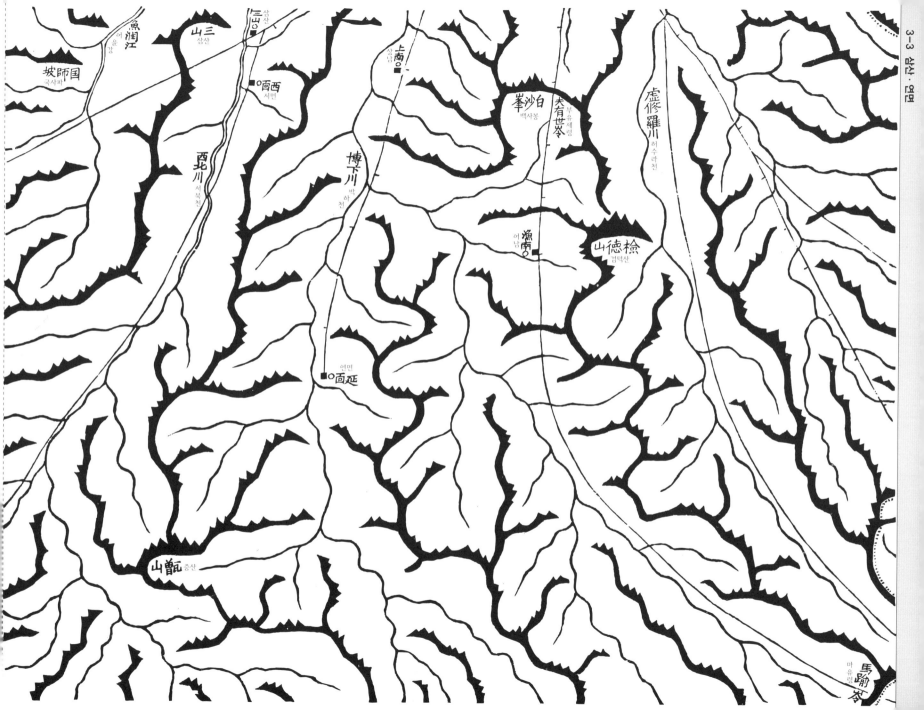

3-4 혜산惠山 삼지三池

가운데 동남 방향으로 뻗은 굵은 산줄기는 백두대간이다. 그 서쪽의 쌍선 하천은 압록강 본류, 동쪽은 두만강 수계다. 서남쪽에는 압록강 최상류의 진보인 혜산진이 보인다.

	2-4	2-3
3-5	3-4	3-3
4-4	4-3	4-2

영아	☐ 영이 있는 읍치는 표시 안함	읍치 ◯무성 ◎유성	성지 산성 관성	진보 ☐무성 ■유성	창고 ■무성 ■유성	목소 牧 場屬
고현 ● ◉유성 ◎구읍지 유성		고진보 ▲ ⬟유성	역참 ①	방리 ◯	능침 ◯원내 능호	봉수 ▲	고산성 ⬟	도로 10리 2 3 4

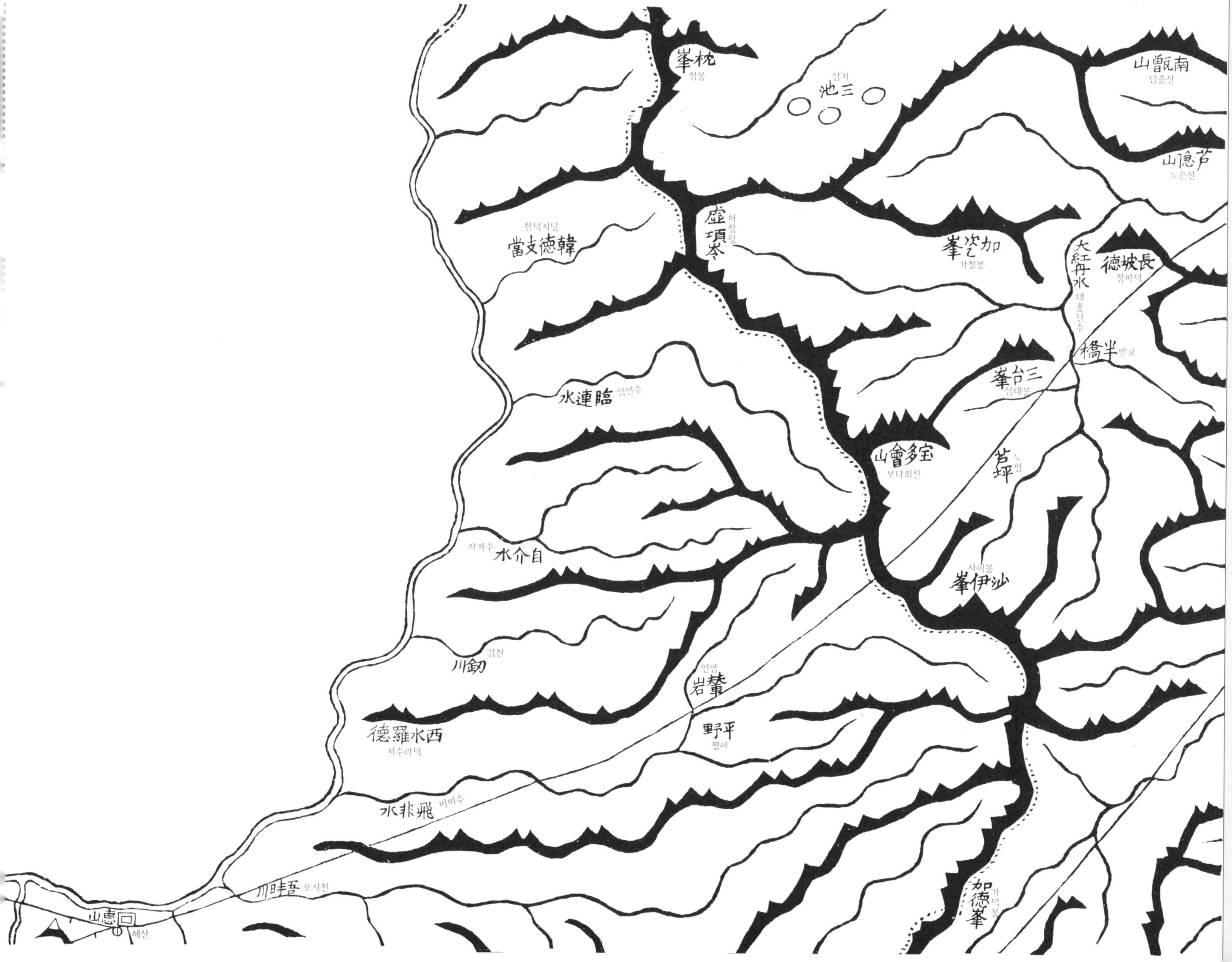
枕峯
침봉
三池
삼지
南甑山
남증산
芦隱山
노은산
韓德支當
한덕지당
虛項嶺
허항령
가찰봉
大紅丹水
대홍단수
長坡德
장파덕
半橋
반교
三台峯
삼태봉
臨連水
임연수
寶多會山
보다회산
蘆坪
노평
自介水
자개수
沙伊峯
사이봉
劒川
검천
蓮岩
연암
平野
평야
西水羅德
서수라덕
飛非水
비비수
吾時川
오시천
惠山
혜산
加德峯
가덕봉

3-5 후주厚州 장진강長津江

압록강을 따라 여진의 침략을 방어하기 위해 설치한 진보와 봉수가 즐비하다. 함경도 후주 지역이다. 강변의
도로는 모두 삼수 고을로 연결된다.

2-5		2-4
3-6	3-5	3-4
4-5	4-4	4-3

영아 □ 영이 있는 읍치는 표시 안함	읍치 ○무성 ◎유성	성지 ⛰산성 ⛰관성	진보 □무성 ▣유성	창고 ■무성 ■유성	목소 ⊞ 牧 場屬
고현 ●◉유성 ◎구읍지 유성	고진보 ▲ ⬤유성	역참 ①	방리 ○	능침 ○원내 능호	봉수 ▲ 고산성 ⬤ 도로 10리 2 3 4

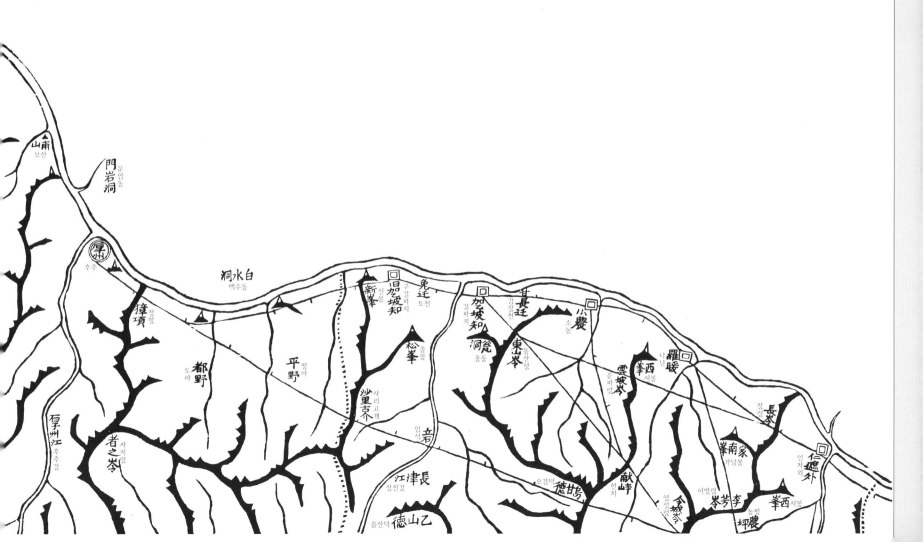

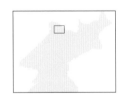

3-6 무창茂昌

세종 때 서북 지역에 개척한 서북 4군의 하나인 무창군이 있던 압록강 중상류 지역이다. 압록강을 따르는 도로가 없으나, 지금은 산림철도인 혜산~만포청년선이 압록강을 따라간다.

2-6	2-5	
3-7	3-6	3-5
4-6	4-5	4-4

영아	☐ 영이 있는 읍치는 표시 안함	읍치	○ 무성 ◎ 유성	성지	⚲ 산성 ⚲ 관성	진보	☐ 무성 ◩ 유성	창고	■ 무성 ◪ 유성	목소	🐄 牧 場屬
고현	● ◉ 유성 ◎ 구읍지 유성	고진보	▲ ⬢ 유성	역참	①	방리	○	능침	○ 원내 능호	봉수	▲	고산성	⛰	도로	10리 2 3 4

故卓德嶺
귀후덕령

加土德
가사덕

新路峴
신로천

慈城江
자성강

芦雛
노담

小雲洞
소운동

雲洞
운동

河山洞口
하산동구

泉川
천천

竹田嶺
죽전령

正木坡
정복파

玄貞洞
현조동동

五家山洞口
오가산동구

五家川
오가산천

城洞
성동

葡萄川
포도천

家舍洞
가사동

茂昌
무창

食塩德
식염덕

時介
시개

北水洞
복수동

大池
대지

羅信川
나신천

河山嶺
하산령

回德嶺
회덕령

五家山嶺
오가산령

3-7 자성慈城

강폭이 넓어진 압록강이 흐르는 이 지역은 세종 때 개척한 서북 4군 중 우예군과 자성군이 있던 지역이다. 압록강 기슭에는 당시 설치하였던 고진보의 흔적들이 보인다.

	2-6	2-5
	3-7	3-6
4-7	4-6	4-5

영아 ☐ 영이 있는 읍치는 표시 안함	읍치 ○무성 ◎유성	성지 ⛰산성 관성	진보 ☐무성 ▣유성	창고 ■무성 ■유성	목소 牧 場屬
고현 ●◉유성 ◎구읍지 유성	고진보 ▲ ⬤유성	역참 ①	방리 ○	능침 ○원내 능호	봉수 ▲ 고산성 ▲ 도로 10리 2 3 4

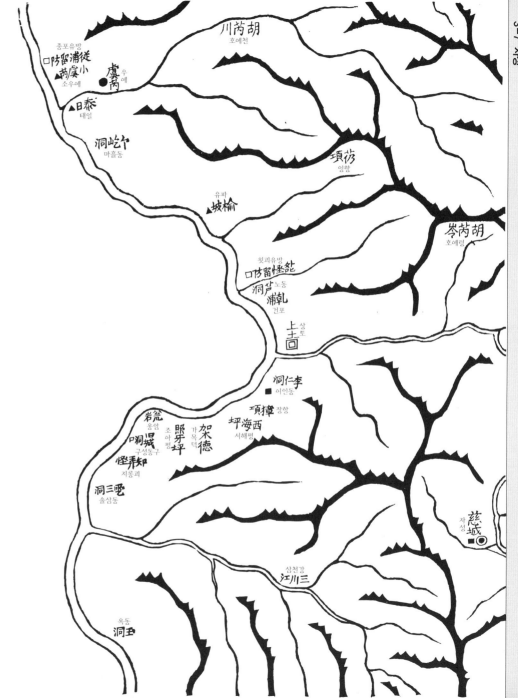

4-1 경성 鏡城

함경도의 큰 고을인 경성이다. 동쪽은 동해에 접해 있고, 서쪽은 장백정간을 끼고 있는 산악지대다. 경성의 주을은 옛날부터 온천으로 유명한 고을이다.

3-3	3-2	3-1
4-2	4-1	
5-2	5-1	

영아 ☐ 영이 있는 읍치는 표시 안함	읍치 ◯무성 ◯유성	성지 ⛰산성 ⛰관성	진보 ☐무성 ☐유성	창고 ■무성 ■유성	목소 ⊞ 牧 場屬
고현 ●◉유성 ◎ 구읍지 유성	고진보 ▲ ⏶유성	역참 ①	방리 ◯	능침 ◯원내 능호	봉수 ▲ 고산성 ⏶ 도로 10리 2 3 4

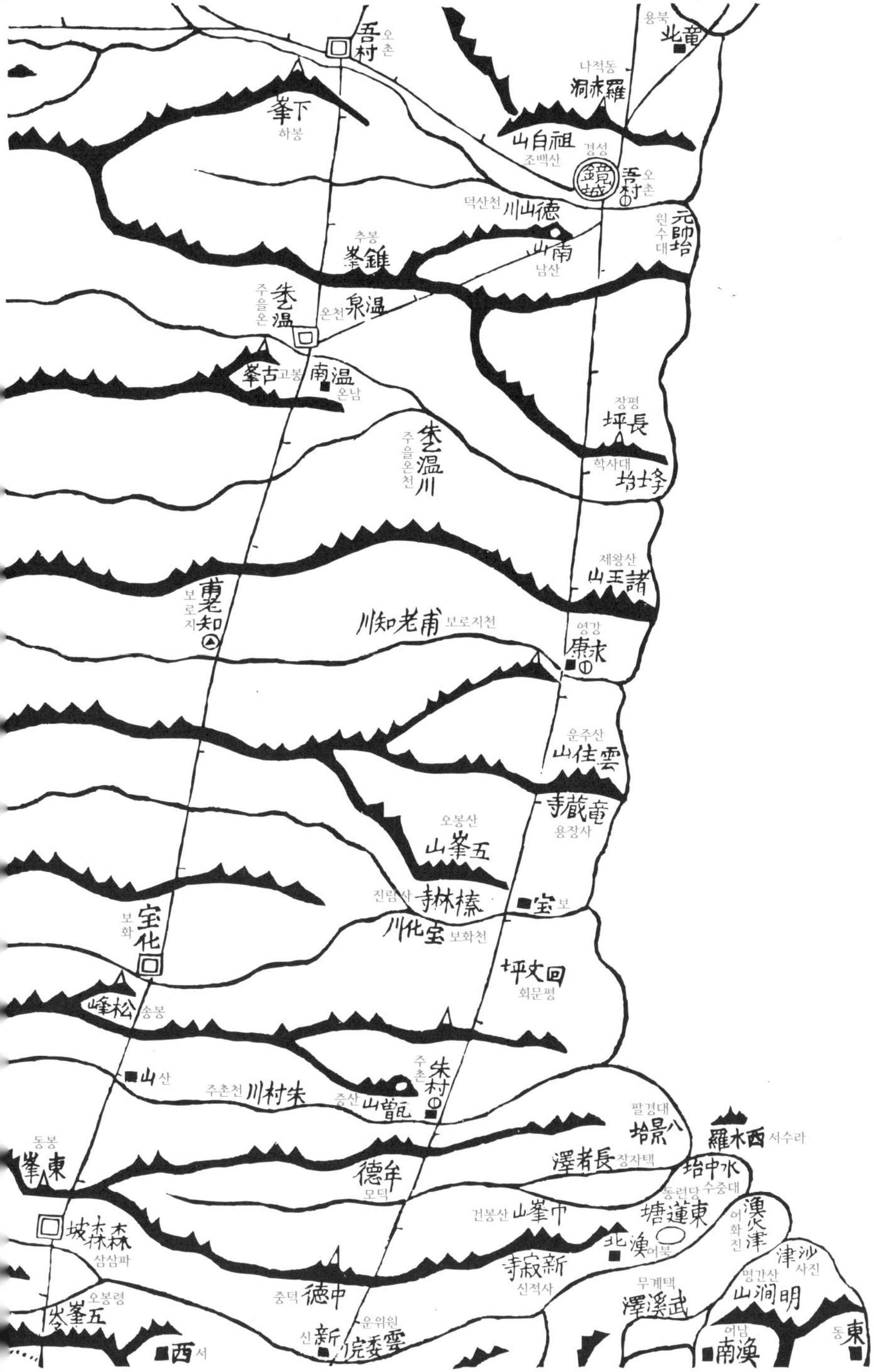

오촌
용북
나적동
하봉
조백산
경성
오촌
덕산천
원수대
추봉
남산
주을온
온천
고봉
온남
장평
주을온천
학사대
제왕산
보로지
보로지천
영강
운주산
용장사
오봉산
진림사
보
보화
보화천
회문평
송봉
산
주촌천
증산
주촌
팔경대
서수라
동봉
장자택
수중대
모덕
동련당
건봉산
어화진
삼삼파
어북
사진
무계택
명간산
신적사
오봉령
중덕
운위원
신
어남
서
동

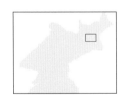

4-2 장백산 長白山

어은령~기운령~참도령~증산을 잇는 산줄기는 백두대간이고, 기운령 부근에서 분기해 설령~장백산을 잇는 동북쪽
산줄기는 장백정간이다. 장백산 위치에는 현재 만탑산 등이 솟아 있는데, 깊은 산중이라 도로나 인문 정보가 거의 없다.

3-4	3-3	3-2
4-3	4-2	4-1
5-3	5-2	5-1

영아 ▢ 영이 있는 읍치는 표시 안함	읍치 ◯무성 ◉유성	성지 🏔산성 ⛰관성	진보 ▢무성 ▣유성	창고 ◼무성 ◼유성	목소 🏕 牧 場屬
고현 ●◉유성 ◎구읍지유성	고진보 ▲ ⬣유성	역참 ①	방리 ◯	능침 ◯원내능호	봉수 ▲	고산성 ⬢	도로 10리 2 3 4

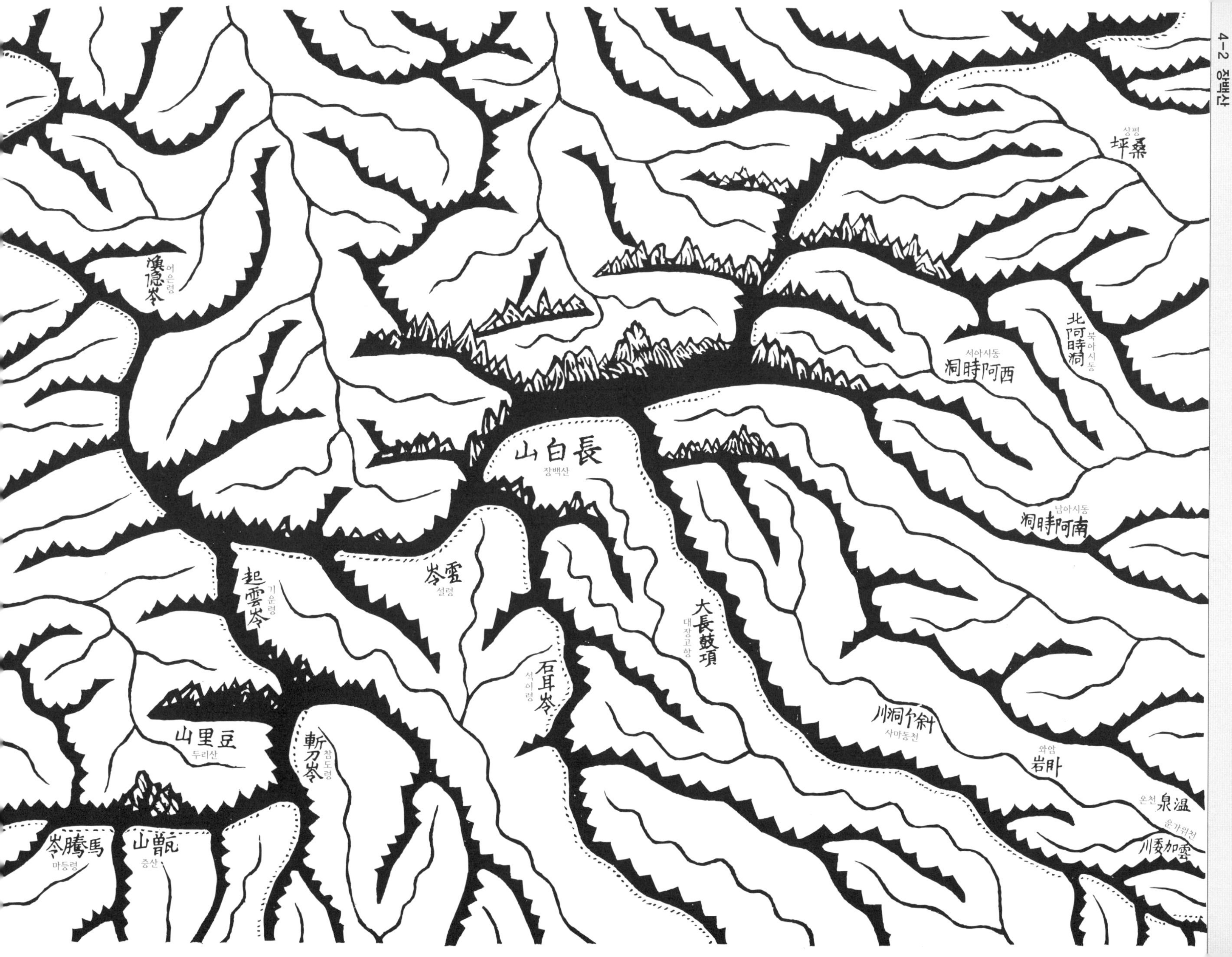

坪桑
상평

北阿時洞
북아시동

洞時阿西
서아시동

山白長
장백산

漁德岺
어은령

岺雲起
기운령

岺雲
설령

大長鼓項
대장고항

洞時阿南
남아시동

石耳岺
석이령

斜介洞川
사마동천

山里豆
두리산

斬刀岺
참도령

岩朴
와암

泉温
온천

岺騰馬
마등령

山甑
증산

川加委雲
윤가외천

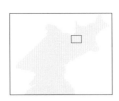

4-3 갑산甲山

개마고원 동쪽 지대인 이곳에는 삼수와 함께 유배지로 유명하였던 함경도 갑산이 있다. 여진족의 잦은 침입을 막기 위해 쌓은 갑산읍성 주변에는 여러 진보들이 위치한다.

3-5	3-4	3-3
4-4	4-3	4-2
5-4	5-3	5-2

영아	▢ 영이 있는 읍치는 표시 안함	읍치	○무성 ◎유성	성지	🏯산성 🪨관성	진보	▢무성 ▨유성	창고	■무성 ▣유성	목소	🅐 牧 場屬
고현	●유성 ◎구읍지 유성	고진보	▲ 🔺유성	역참	①	방리 ○		능침	○원내 능호	봉수 ▲	고산성 ▲	도로 10리 2 3 4

恵山岺
혜산령

塔洞
탑동

德望山
망덕산

所里德
소리덕

雲籠
운총

甘坪
감평

乾者堆
건자퇴

馬山岺
마산령

雲坡館
운파관

緩項岺
완항령

飛鳳山
비봉산

鳳栖寺
봉서사

緑礬峴
녹반현

何間
아간

瑞麟
서린

同仁
동인

伊間
이간

會德岺
회덕령

會里
회리

鎮東
진동

加ㅅ
가

加ㅅ川
가마천

天鳳山
천봉산

虛川江
허천강

甲山
갑산

資福寺
자복사

虛川
허천

長坪山
장평산

二里川
이리천

南峯
남봉

二里
이리

雲廬院
운려원

掛山岺
괘산령

4-4 삼수 三水

우리나라 대표적 고원인 개마고원 지역으로서 갑산과 짝을 이뤄 유배지의 대명사인 '삼수갑산'으로 불리던 삼수 고을이 위치한다. 삼수 서쪽을 흐르는 오매강은 장진강이다.

3-6	3-5	3-4
4-5	4-4	4-3
5-5	5-4	5-3

영아	⬚ 영이 있는 읍치는 표시 안함	읍치	◯ 무성 ◉ 유성	성지	🏔 산성 〜 관성	진보	☐ 무성 ▣ 유성	창고	■ 무성 ▣ 유성	목소	🏢 牧 場屬
고현	● ◉ 유성 ◎ 구읍지 유성	고진보	▲ ⬢ 유성	역참	①	방리	◯	능침	◯ 원내 능호	봉수	▲ 고산성 ⬢ 도로 10리 2 3 4

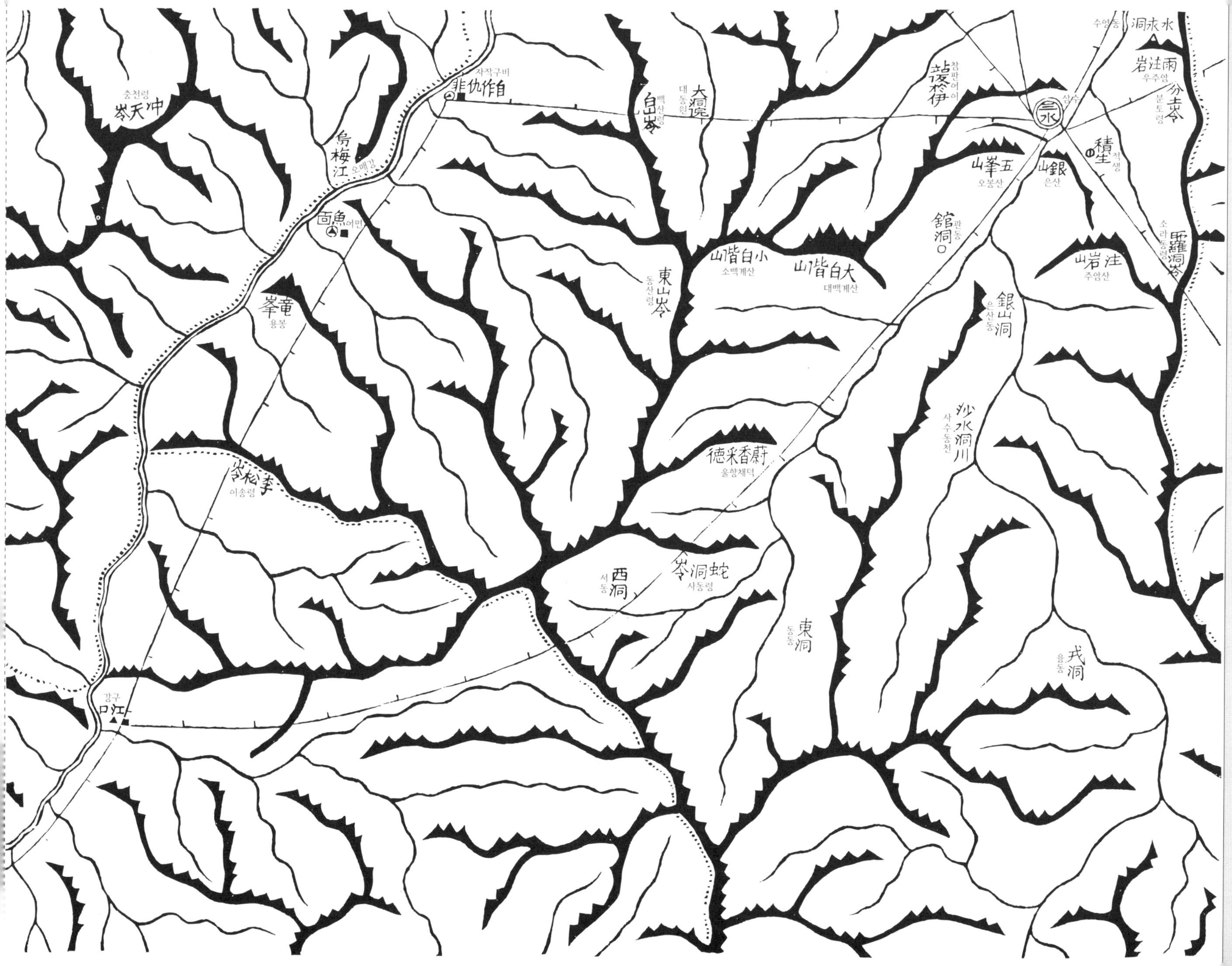

4-5 우항령 牛項岺

후주에 속한 개마고원지대다. 좌측 상단의 하천은 자성강이고 우측 상단의 하천은 후주강인데, 모두 압록강의 지류다. 우항령은 북쪽으로는 자성, 남쪽으로는 강계로 이어진다.

3-7	3-6	3-5
4-6	4-5	4-4
5-6	5-5	5-4

영아 ▢ 영이 있는 읍치는 표시 안함	읍치 ○무성 ◉유성	성지 ⛰산성 ～관성	진보 ▢무성 ▢유성	창고 ■무성 ■유성	목소 ▣ 牧 場屬
고현 ●◉유성 ◎구읍지 유성	고진보 ▲ ▲유성	역참 ①	방리 ○	능침 ○원내 능호	봉수 ▲	고산성 ▲	도로 10리 2 3 4

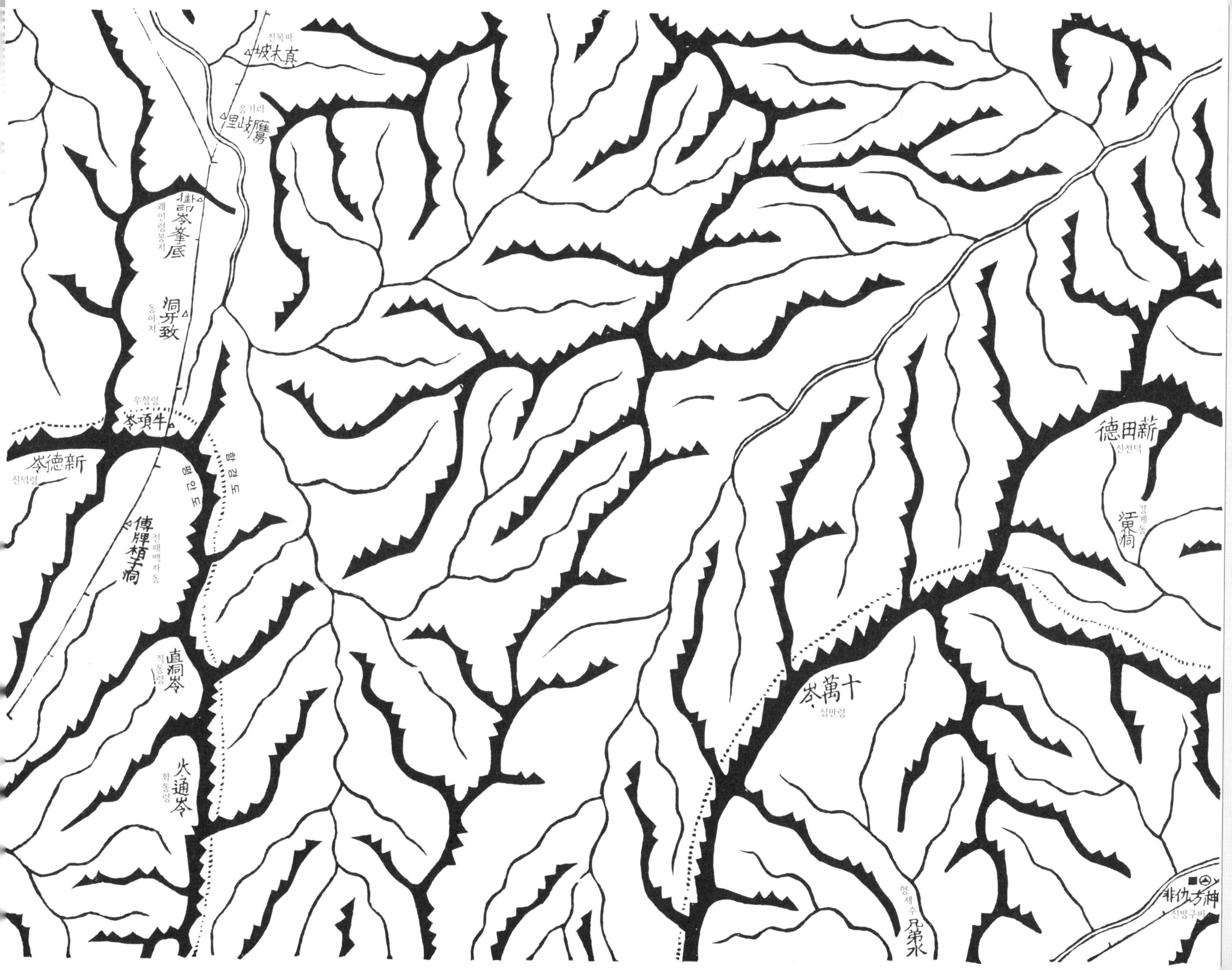

眞木坡
진목파

鷹岐里
응기리

掛峯底
괘인령몽지

洞牙致
동아치

牛項峯
우항령

新德岑
신덕령

傳牌植洞
전패백자동

直洞岑
직동령

火通岑
화통령

新田德
신전덕

汪界洞
강계동

十萬岑
십만령

神方仇非
진방구비

兄弟水
형제수

4-6 만포滿浦

압록강 중류 지역으로서 평안도 강계부의 일부다. 만포에서 압록강을 따라 중요한 군사도로가 이어진다. 만포에서 압록강 너머는 고구려 수도로서 광개토왕릉비가 있는 중국의 지안시 지역이다.

	3-7	3-6
4-7	4-6	4-5
5-7	5-6	5-5

영아 ▣ 영이 있는 읍치는 표시 안함	읍치 ○무성 ◎유성	성지 🏔산성 ⛰관성	진보 □무성 ▣유성	창고 ■무성 ▣유성	목소 🏭 牧 場屬
고현 ●●유성 ◎구읍지 ◎유성	고진보 ▲ ⬢유성	역참 ①	방리 ○	능침 ○원내 능호	봉수 ▲	고산성 🔺	도로 10리 2 3 4

浦雲如 어운포

玉林 임토

三川 삼천

岾洞靑黃 황청동령

金岩 금암

拒紫項洞 거시창동

皇墓 황묘

皇城 황성

余屯岾 여둔대

車哥垈 차가대

八板洞 팔판동

黃靑洞 황청동

岾田麻 마전령

介也之洞 개아지동

宰臣洞 재신동

滿浦 만포

捿戰岾 접전령

吾里坡 오리파

金成民 금성민

登公仇非 등공구비

深遠岾 시원령

佐郎唅洞 구랑함동

古道水洞 고도수동

王失 주토

三岐岾 삼기령

岾他未 미타령

蕳浦 만포

八板洞 팔판동

岔怪川 윗괴천

峯松 송봉

細洞 세동

垈伐 벌등

分 분토

岾梨 이령

岾德水黃 황수덕령

高山里 고산리

新玲 허린

上土 삼토

鉄山 철산

野土里 아토리

安贄令 안전령

高山里 고산리

吉洞峯 길동봉

安明守 안흥수

長洞 장동

里時馬 마시리

時時川 시시천

浦從 종포

奉天垈 봉천대

吾老梁 오노량

烽火 봉화대

野林 의리산

岾楸 추령

松 송

甘湯岾 감탕령

溪雷岾 어외령

從浦川 종포천

道興安 안흥도

玉流泉 옥류천

岾頂墇 장령령

楸坡 추파

吾老梁 오노량

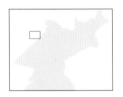

4-7 구읍 舊邑

우측 하단 지역은 위원군 구읍이다. 지도에 표현된 부분은 극히 일부 지역이지만, 압록강 변의 국경 지역답게 관방시설이 골고루 자리하고 있다.

		3-7
	4-7	4-6
	5-7	5-6

영아	▢ 영이 있는 읍치는 표시 안함	읍치	○무성 ◎유성	성지	🏔️산성 ⛰️관성	진보	▢무성 ▣유성	창고	■무성 ▣유성	목소	🈴 牧 場屬
고현	●◉유성 ◎구읍지 유성	고진보	▲ ⬣유성	역참	①	방리	○	능침	○원내 능호	봉수	▲	고산성	⛰️	도로	10리 2 3 4

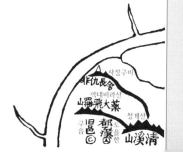

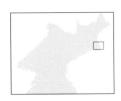

5-1 **명천**明川

'명태'라는 이름이 유래한 고을인 함경도 명천군 지역이다. 칠보산이 보석처럼 표현되어 있고, 그 깊은 품에는 발해 때 창건된 고찰 개심사가 있다.

4-2	4-1	
5-2	5-1	
6-2	6-1	

영아 ▢ 영이 있는 읍치는 표시 안함	읍치 ○무성 ◎유성	성지 ⛰산성 ⛰관성	진보 ▢무성 ▣유성	창고 ■무성 ■유성	목소 ▦ 牧 場屬
고현 ●◉유성 ◎구읍지 유성	고진보 ▲ ⬟유성	역참 ①	방리 ○	능침 ○원내 능호	봉수 ▲	고산성 ⛰	도로 10리 2 3 4

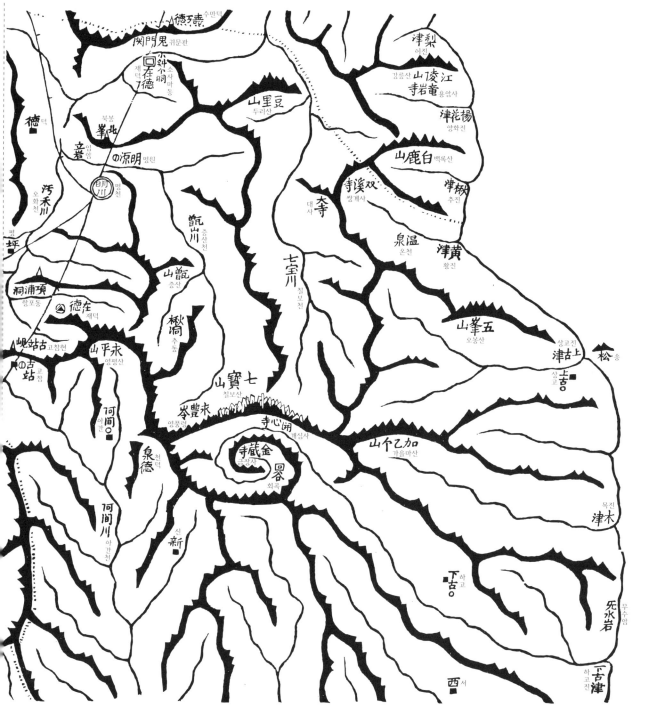

5-2 길주 吉州

백두대간과 장백정간에서 분기한 산줄기들이 동해로 뻗어 간다. 상단 가운데에서 동남으로 흐르는 하천은 길주 남대천(지도의 부서천)이고, 좌측의 남류하는 하천은 단천의 북대천이다.

4-3	4-2	4-1
5-3	5-2	5-1
6-3	6-2	6-1

영아	☐ 영이 있는 읍치는 표시 안함	읍치	○무성 ◎유성	성지	⛰산성 ⛰관성	진보	☐무성 ▣유성	창고	■무성 ■유성	목소	▦ 牧 場屬
고현	● ◉유성 ◎구읍지 유성	고진보	▲ ▲유성	역참	①	방리	○	능침	○원내 능호	봉수	▲	고산성	▲	도로 10리 2 3 4

吾乙足嶺 오을족령
洞大西 서대동
山西 서산
將軍坡 장군파
針大洞 사마동
山
大寺洞 대사동
波擱尺 파독지
山羅吐 토라산
吾足 오을족
女妓坪 여기평
沙鐵嶺 사벌령
洞丂德 덕만동
西北峯高 고봉
梨德 이덕
別岾始嶺 별안대령
崇義 숭의
鷹峯嶺 응봉령
山東西北回 동산
山刀 도산
就之洞 취지동
岑雲驅 구운령
山花開 개화산
中山洞 중산동
山佛成 성불산
洞世崔 최세동
地境峴 지경현
峴饗綠 녹반현
鉒北 사하북
致灵洞 치령동
坪事農 농사평
金錫德 금석덕
葛坡嶺 감파령
鎭南寺
長德山 장덕산
吉州
平碓 동평
新
鄉校峴 향교현
浮瑞川 부서천
洞背魚 어배동
洞梨 이동
全尚德 전상덕
葛坡坪 갈파평
板幕嶺 판막령
洞川伊 이천동
芦洞 노동
山院白 산성
白塔坪塔 탑평
山峯雪 설봉산
寺興復 부흥사
院 원
城信多 다신성
里所古 고소리
昭美嶺 소미령
德己富金 금부기덕
坡嶺 파령
蛇角嶺 사각령
場峴 장현
城市吾 오포성
臨浜

5-3 성대산 聖代山

백두대간 산줄기가 황토령 · 조가령 · 성대산을 지나 남북으로 길게 이어지며 개마고원 중심부를 이룬다. 마저령 북쪽은 조선시대 갑산 땅이었다.

4-4	4-3	4-2
5-4	5-3	5-2
6-4	6-3	6-2

영아	▣ 영이 있는 읍치는 표시 안함	읍치	○무성 ◉유성	성지	🏰산성 ⛰관성	진보	☐무성 ☒유성	창고	■무성 ▨유성	목소	⊞ 牧 場屬
고현	● ◉유성 ◎구읍지 유성	고진보	▲ ▲유성	역참	①	방리	○	능침	○원내 능호	봉수	▲	고산성	⛰	도로	10리 2 3 4

우두령
牛頭岾

琳呼 호린

別害 별해

岾耳熊 웅이령

峯洞 용동

熊耳 웅이

熊耳岾

川耳熊 웅이천

耳石 석이

熊耳岾

黃土岾 황토기

黃土岐 황토기

天水岾 천수령

靑双 쌍정

藿岺 곽령

德義檢 검의덕

新里洞口 신리동구

趙哥岾 조가령

琴古介 슬고개

山甑 증산

加德川 가덕천

德加 가덕

香洞 향동

川浦終 종포천

浦終 종포

山代聖 성대산

降祥洞 강상동

岺底馬 마저령

古城 고성

川山禿 독산천

岾耳火虛 허화이령

水黃 황수

川水黃 황수천

坡山川 파산천

山堆加 가퇴산

峯蘇姑 고소봉

5-4 병풍파 屏風坡

개마고원의 높고 깊은 산악 지역이다. 거리 표시도 없이 이어진 첩첩 산간 도로에 병풍파창 하나만 외로우니 얼마나 깊은 산중인지 짐작이 가능하다. 조선시대에는 함경도 장진군에 속하였고, 지금은 부전군 지역이다.

4-5	4-4	4-3
5-5	5-4	5-3
6-5	6-4	6-3

영아	▣ 영이 있는 읍치는 표시 안함	읍치	○무성 ◎유성	성지	🏔산성 ⛰관성	진보	□무성 ▣유성	창고	■무성 ■유성	목소	⊞ 牧場屬
고현	●◉유성 ◎구읍지 유성	고진보	▲ ◬유성	역참	①	방리	○	능침	○원내 능호	봉수	▲	고산성	⛰	도로	10리 2 3 4

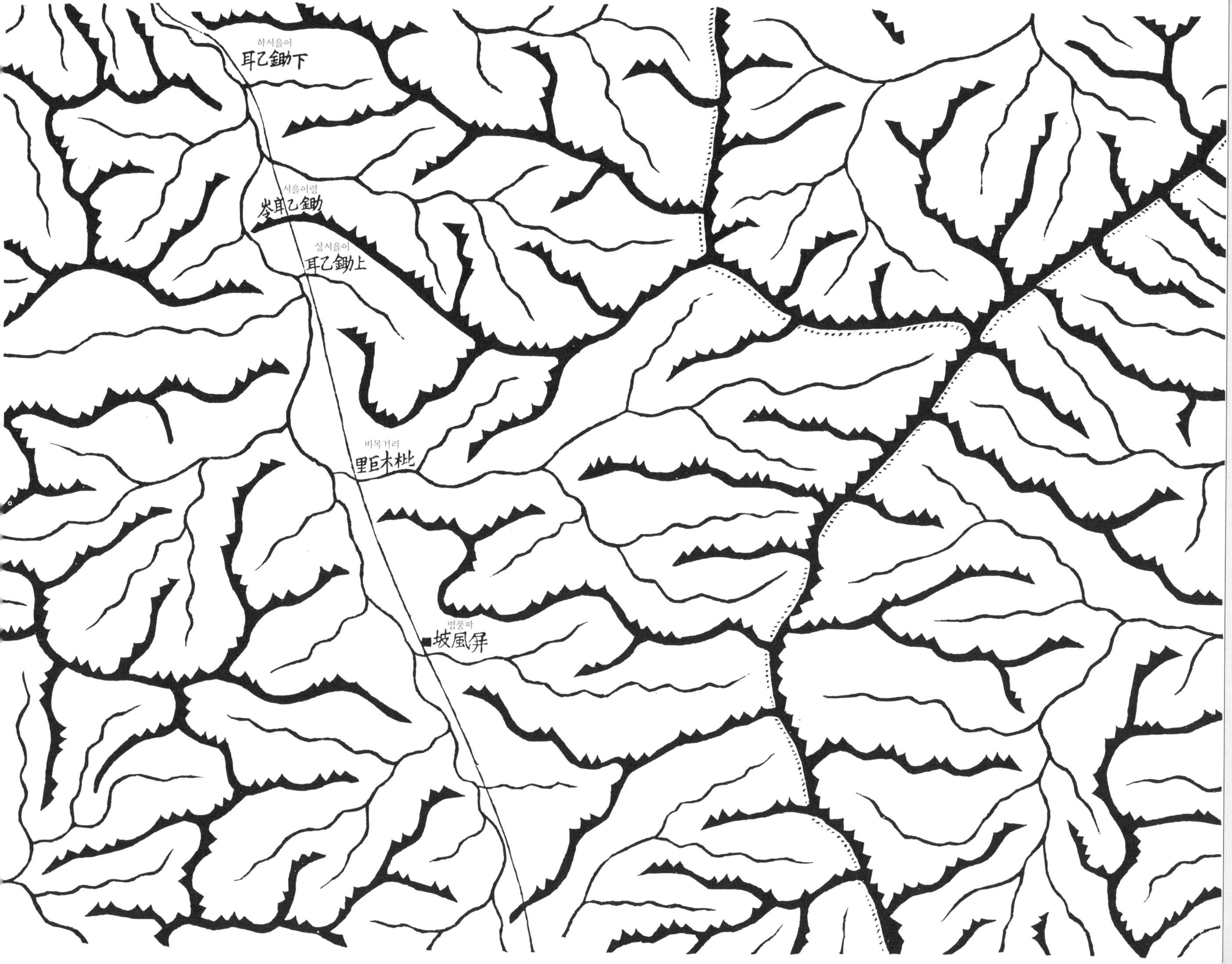

하서을이
耳乙鋤下

서을이령
岾耳乙鋤

상서을이
耳乙鋤上

비목거리
里巨木枇

벙풍파
坡風屛

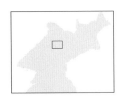

5-5 장진 長津

장진 고을을 지나며 남에서 북으로 흐르는 하천은 장진강이다. 장진 지역에서 서쪽으로 넘어가는 두 고갯길은 모두 강계로 연결된다.

4-6	4-5	4-4
5-6	5-5	5-4
6-6	6-5	6-4

영아	▢ 영이 있는 읍치는 표시 안함	읍치	○무성 ◎유성	성지	⛰산성 ⛰관성	진보	▢무성 ▦유성	창고	■무성 ■유성	목소	🏕 牧 場屬
고현	●◉유성 ◎구읍지 유성	고진보	▲ ◬유성	역참	①	방리	○	능침	○원내 능호	봉수	▲	고산성	⛰	도로	10리 2 3 4

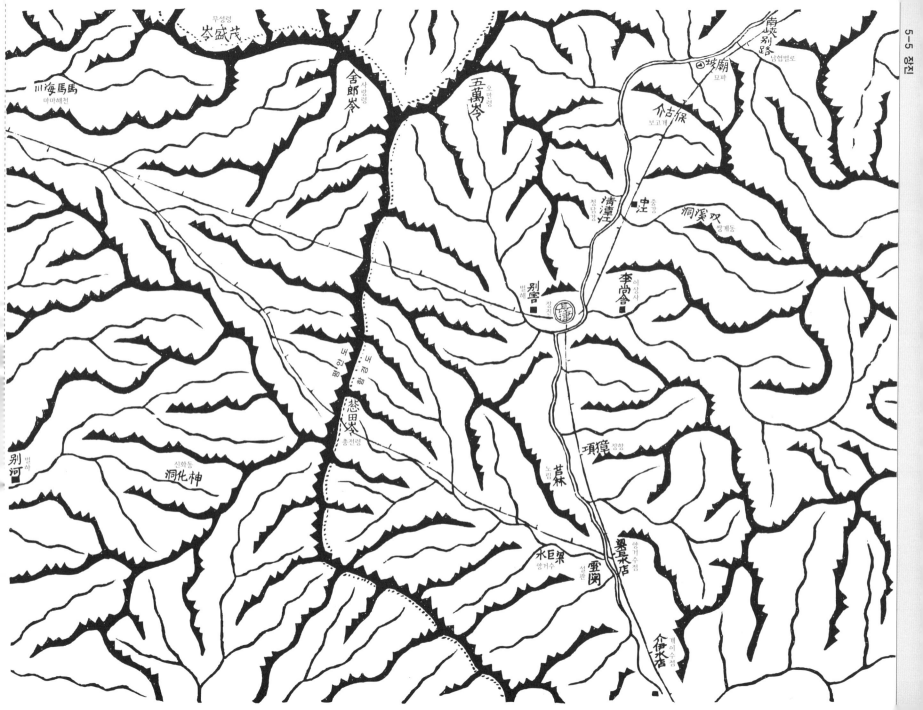

5-6 강계 江界

평안도 강계는 미인과 포수, 산삼의 고을로 이름 떨쳤다. 독로강 상류로 이어진 도로는 적유령을 거쳐 희천으로 가는 길이고, 동쪽 도로는 장진 가는 길이다. 서쪽 도로는 압록강 기슭에 있는 위원으로 이어진다.

4-7	4-6	4-5
5-7	5-6	5-5
6-7	6-6	6-5

영아 ☐ 영이 있는 읍치는 표시 안함	읍치 ○무성 ◎유성	성지 ⛰️산성 ▰▰관성	진보 ☐무성 ▨유성	창고 ■무성 ◼유성	목소 🄼 牧 場屬
고현 ●◉유성 ◎구읍지 유성	고진보 ▲ ⬣유성	역참 ①	방리 ○	능침 ○원내 능호	봉수 ▲	고산성 ⛰️	도로 10리 2 3 4

山蹻鳳 봉유산
董~岺 동동령
崔山岺 평산령
西 서
石毛老 석모로
里客許 허실리
北川 북천
北 북

虹魯禿

馬海里 마마해리

江界 강계

東 동

渭 위

두음령

豆月茶

薪店

公貴山 공귀산

山乃等和小 소화등내산

寿奥大 대흥사

北 북
上北洞 상북동

杜上 사상

洞人聖 성인동

山獨 독산

公貴川店 공귀천점

老毛吾 오모로

渁坡店 양파점

山乃等和大 대화등내산

寺福奥 흥복사

里山獨 독산리

介也物洞店 개아물동점

漢 한

夫老尺 부로지령

岺蕾 구령

岺登楽 낙등령

栢 백

店山禁 금산점

巨門氷厓 거문빙애

高岩站 고암점

業 업

洞西 서동

里西内 내서리

別河川 별하천

栢坡岺 백파령

山業 업산

里西外 외서리

里洞沙 사동리

城千 성천

箭川岺 전천령

箭 전

狸山里 이산리

長安氷厓 장안빙애

5-7 위원渭原 초산楚山

압록강이 평안도 위원·초산을 지난다. 국경 지역답게 압록강 변에는 진보와 봉수시설이 즐비하다. 이 일대는 현재 수풍호 상류 지역이다.

	4-7	4-6
	5-7	5-6
6-8	6-7	6-6

영아	☐ 영이 있는 읍치는 표시 안함	읍치	○ 무성 ◎ 유성	성지	🏔 산성 🗻 관성	진보	☐ 무성 ☐ 유성	창고	■ 무성 ■ 유성	목소	圏 牧 場屬
고현	● ◉ 유성 ◎ 구읍지 유성	고진보	▲ ⬣ 유성	역참	①	방리	○	능침	○ 원내 능호	봉수	▲	고산성	⬣	도로	10리 2 3 4

위원
水渭 위수
취대

蟾轆 艑轆
奉天坮 봉천대
山明剛 강명산
嚴城 언성산
山愁 여산
南坡 남파
上西 서상
和芋乃川 화등내천
南 남

嘉羅洞 가라동
新烟坮 신언대
洞嘉 짓동
劉事站 판사참
長洞 장동
銅廷 동천
下西 서하
강현동
砬軒洞 서헌동
池塔 합지
块岑 양토령
擺撥岑 파발령
養木長 식목장양
長乃月岑
所乃月岑 소월내령
新岑 신령

山北 북산
古烟坮 고언대
青山 초산
块 아동
會羊山 산양회
南山 남산
銅寺洞岑 동사동령
東上 동상
松站 송참
直岑 직동
扳木岑 피목령
紫德岑 사기덕령
西 서
巨床岑 거상령
直芋岑 직등령
東下 동하
榆 유

波猪江 파지강
毛土里洞 모토리동
大淸交河 대청교하
阿耳 아이
外非兒里 외비아리
內非兒里 내비아리
姮海岑 여해령
艾岑 애령
童邱 동건
曹東山 조동산
南 남
三梗岑 삼경령
植 백

小淸交河 소청교하
松林 송림
兒坡小 소파아
東烟坮 동언대
廣坪 광평
北 북
豆音只 두음지
童 동
金洞 금사동

6-1 마유산 馬乳山

조선시대 함경도 명천의 남부 지역이다. 창고 몇 개 외에는 별다른 시설이 없고 도로 표시도 없을 만큼 한적한 해안 마을로, 지금은 함경북도 화대군 지역이다.

5-2	5-1	
6-2	6-1	

영아 ▢ 영이 있는 읍치는 표시 안함	읍치 ○무성 ◎유성	성지 🏔산성 🏯관성	진보 □무성 ▨유성	창고 ■무성 ▣유성	목소 ▨ 牧 場屬
고현 ●●유성 ◎구읍지 유성	고진보 ▲ ◬유성	역참 ①	방리 ○	능침 ○원내 능호	봉수 ▲ 고산성 ◭ 도로 10리 2 3 4

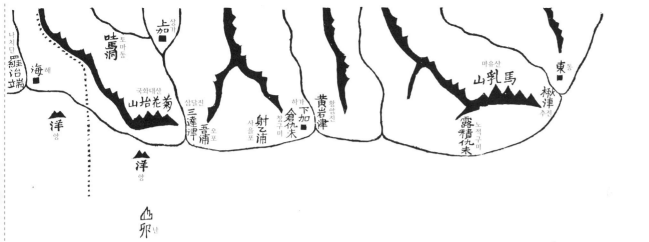

羅端
나치단
海해

洋양

嗎洞
토마동
上加상가

菊花岾山
국화대산

三達津
삼달진
吾浦오포

下加하가
倉仇未창구미

黄岩津황암진

射乙浦
사을포

馬乳山
마유산

楸津추진
東동

露積仇未
노적구미

洋양

邪난

6-2 단천 端川

함경도 중부 동해안의 단천 고을이다. 해안으로 뻗은 굵은 산줄기 끝 부분에는 단천과 길주를 잇는 마천령이 있다.

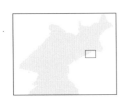

5-3	5-2	5-1
6-3	6-2	6-1
7-1		

영아 ☐ 영이 있는 읍치는 표시 안함	읍치 ○무성 ◉유성	성지 🏔산성 ⚓관성	진보 ☐무성 ▣유성	창고 ■무성 ▣유성	목소 🏯 牧 場屬
고현 ●◉유성 ◎구읍지 유성	고진보 ▲ ⬣유성	역참 ①	방리 ○	능침 ○원내 능호	봉수 ▲ 고산성 ⛰ 도로 10리 2 3 4

東 동

三伊 삼이

多信浦 다신포

城信泰 태신성

雲尚端 운상성단

西 서

亭海臨 임해정

双浦岑 쌍포령

双浦津 쌍포진

臨浿 임진

榆津 유진

防阿岑 방아령

山德縣 현덕산

德利汝 어리덕

長防岑 장방령

城津 성진

壁海亭 암해정

穿 천

山華蓮 연화산

德州應山 덕옹주산

山峰五 오봉산

牛脂岑 우기령

洞里歧 기리동

摩夫岑 마천령

樟項 장항

山鳳天 천봉산

寺蔵華 화장사

麻谷 마곡

海望台 해망대

德羊 양덕

胡打里 호타리

山德道 도덕산

德鰲 오덕

北大川 북대천

薺德岑 농덕령

沙兒岑 사기령

山佳雲 운주산

端川 단천

射浦津 사포진

退羅吾 오라퇴

橫川 횡천

基有 기원

南大川 남대천

門淵 문문연

乃訖介 마흘내

雙城津 쌍성진

交津 교제

白沙汀 백사정

龍淵 용연

葛染 갈렴

游仙始 유선대

福貴水 복귀령

山甑 증산

山回 회산

牧 목

坪臺薩豆 두언대평

情君 정석

乑 난

6-3 이원利原 북청北靑

금창령~후치령~태백산으로 뻗어 가는 산줄기는 백두대간이다. 백두대간 남쪽에는 함경도 북청 고을이 자리한다.

5-4	5-3	5-2
6-4	6-3	6-2
7-2	7-1	

영아 ☐ 영이 있는 읍치는 표시 안함	읍치 ○무성 ◎유성	성지 ⛰산성 🏯관성	진보 ☐무성 ▣유성	창고 ■무성 ▣유성	목소 🏕 牧 場屬
고현 ● ◉유성 ◎구읍지 유성	고진보 ▲ ⬟유성	역참 ①	방리 ○	능침 ○원내 능호	봉수 ▲	고산성 ⛰	도로 ¹⁰리 ₂ ₃ ₄

太白山 태백산　香岑 향령　黃水院 황수원　坡山 파산　代成浦川 대성포천　金昌岑 금창령　杉峯 삼봉　柚田 축전　安新 신안

圓寂寺 원적사　厚致岑 후치령　天樞山 천추산　新洞 신동　鼉坪 타평

三歧 삼기　祖竜德 조룡덕　白蓮山 백련산　晴福 복귀

濟仁 제인　馬兒岑 마아령　虛項長谷 허항장곡

望德山 망덕산　梨洞 이동　聖代 성대　兄朔岑 범삭령　下田岑 하전령　松楸岑 송추령　馬安 마안

蛇洞寺 사동사　梨洞川 이동천　回緑峴 쇠록현

竹坡岩白寺 죽파산 백암사　航慈 자항　乙沙耳 사을이　梨德岑 이덕령　佐驛岑 좌역령　忠信院 충신원　古長城

檜山 회산　疏蔬德 소덕　五峯山 오봉산　雲達山 운달산　德山 만덕산　東川 동대천　巢洞站 소동참　路洞 노동

大德山 대덕산　城峴 성현　長津 장진

嚴岐 엄주산　平浦 평포　鶴麟寺 학린사　者羅耳 자라이　蕨坡岑 길파령　牛溪 우계　城峴 성현

弘道洞 홍도동　大洞山 대동산　奧福寺 흥복사　靈鷲山 영취산　利原 이원　蓮池 연지　松茗岑 송명령　文暴嶺 문암령

泥望城 이망성　火項岑 화항령　竜浦朔 용포삭　多宝山 다보산

清凉山 청량산　蒼洞 창창동　竜義洞 용의동　鳥南真 진조봉　卧竜潭 와룡담　兄弟岩 오걸암　烏局岩 오국암　如次 가차

僧房寺 승방사　廣石台 광석대　建德山 어덕산　栗山 율산　蔓岑 만령　大峴站 대현참　居山 거산　老乞浦 노걸포　侍中台 시중대

長石岑 장석령　車書 기서　別安坮 별안대　長毛山 장모산　虛坪 허천평　立石山 입석산　羅下站 나하참　穿串 천곶　椒川 천초

冠山 관산　竹岩山 죽암산　石耳 식이

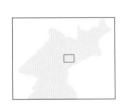

6-4 부전령 赴戰岺

우측 상단에서 백두대간의 화피령~부전령~대백역산 산줄기가 서남쪽으로 뻗어 간다. 부전령 북쪽으로는 부전강이 장진강으로 흘러가고, 남쪽으로는 성천강이 함흥을 거쳐 동해로 흘러간다.

5-5	5-4	5-3
6-5	6-4	6-3
7-3	7-2	7-1

영아	▢ 영이 있는 읍치는 표시 안함	읍치	○무성 ◎유성	성지	⛰️산성 ⛰️관성	진보	▢무성 ▢유성	창고	■무성 ■유성	목소	🅷 牧 場屬
고현	●◉유성 ◎구읍지 유성	고진보	▲ ◭유성	역참	①	방리	○	능침	○원내 능호	봉수	▲	고산성	◮	도로	10리 2 3 4

黃鐵坡
황철파

樺皮岺
화피령

三釜淵
삼부연

赴戰岺
부전령

赴戰岺
부전령

何難岺
하난령

小白亦山
소백역산

大白亦山
대백역산

香坡寺
향파사

頭無山
두무산

元川上
원천상

廣長岺
광장령

廣與寺
광흥사

元川
원천

靈奇峯
영기봉

万景寺
만경사

赴戰岺川
부전령천

永高山〇
영고산

觀音房山
관음방산

竜淵
용연

元川
원천

好賢
호현

隱寂寺
은적사

竜林岺
용림령

白亦山川
대백역산천

白岳山
백악산

三釜瀑
삼부폭

元川下
원천하

中峯
중봉

白岩寺
백암사

草院坊
초원방

直洞
직동

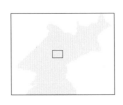

6-5 낭림산狼林山

황초령을 지나와 낭림산에서 남쪽의 소백산으로 뻗은 산줄기는 백두대간이고, 서쪽의 태백산·갑현을 잇는
산줄기는 청북정맥이다. 황초령은 진흥왕순수비가 발견된 고개다.

5-6	5-5	5-4
6-6	6-5	6-4
7-4	7-3	7-2

영아 ☐ 영이 있는 읍치는 표시 안함	읍치 ○무성 ◎유성	성지 🏔산성 ⛰관성	진보 ☐무성 ▣유성	창고 ■무성 ▣유성	목소 ⊞ 牧 場屬
고현 ●◉유성 ◎구읍지 유성	고진보 ▲ ⬟유성	역참 ①	방리 ○	능침 ○원내 능호	봉수 ▲	고산성 ⛰	도로 10리 2 3 4

社
사

津長旧
구장진

漢皀非
한흘비

川岑田蒠
홍전령천

雲裏岑
설한령

川洞寒雲
설한동천

沙介水
사개수

柔合岑
상창령

龍林
용림

射香岑
사항령

駕老
가로

峻甲
감천

山白太
태백산

狼林山
낭림산

馬岾
마대천

玻田芝
완전파

낭림산맥
적유령

黄草岾
황초령

山白小
소백산

6-6 적유령 狄踰岺

우측 하단의 도장령에서 서쪽의 적유령~매화령~모두령으로 뻗어 가는 산줄기는 청북정맥이다. 그 북쪽 일대는 압록강의 수계인 평안도 강계, 남쪽은 청천강의 수계인 희천 고을이다.

5-7	5-6	5-5
6-7	6-6	6-5
7-5	7-4	7-3

영아 ☐ 영이 있는 읍치는 표시 안함	읍치 ◯무성 ◉유성	성지 🏔산성 관성	진보 ☐무성 ☐유성	창고 ■무성 ■유성	목소 圖 牧 場屬
고현 ●◉유성 ◎구읍지 유성	고진보 ▲ ⬟유성	역참 ① 방리 ◯	능침 ◯원내 능호	봉수 ▲	고산성 ◮ 도로 10리 2 3 4

崇積山
숭적산

小勿移山
소물이산

樟項里
장항리

武州站
무주참

葛山店
갈산점

杜門洞
두문동

大勿移山
대물이산

貂皮幕嶺
초피막령

立石站
입석참

石站
石站

新光川
신광천

箭川
전천

神光
신광

南平
평남

清波站
청파참

杜戌川
두융천

小狄嶺
소적령

梨坡嶺
이파령

坡院站
파원참

泉川
泉川

梅花嶺
매화령

狗峴
구현

草幕嶺
초막령

草幕嶺
소막령

白山
백산

狄踰
적유

狄踰嶺
적유령

道場嶺
도장령

雙口嶺
쌍구령

柳洞嶺
유동령

樑木嶺
언목령

狄踰
적유

狄站
白山站
백산참

柳頭幕嶺
유두막령

兄弟嶺
형제령

山置頭
두첨산

狄踰川
적유천

竹田川
죽전천

牟頭嶺
모두령

黑站
흑참

狄踰川

柔院
유원

6-7 벽동 碧潼

좌측 상단에 살짝 보이는 큰 강줄기는 압록강인데, 지금은 수풍호로 바뀌었다. 지도 한복판에서 심하게 감입 곡류하며 이산성을 지나는 중강은 압록강의 지류인 지금의 충만강이다.

	5-7	5-6
6-8	6-7	6-6
7-6	7-5	7-4

영아 ☐ 영이 있는 읍치는 표시 안함	읍치 ◯무성 ◉유성	성지 ⛰️산성 〰️관성	진보 ☐무성 ◻유성	창고 ■무성 ◼유성	목소 囲 牧 場屬
고현 ● ◉유성 ◎ 구읍지 유성	고진보 ▲ ⬥유성	역참 ①	방리 ○	능침 ○원내 능호	봉수 ▲	고산성 ⛰️	도로 10리 2 3 4

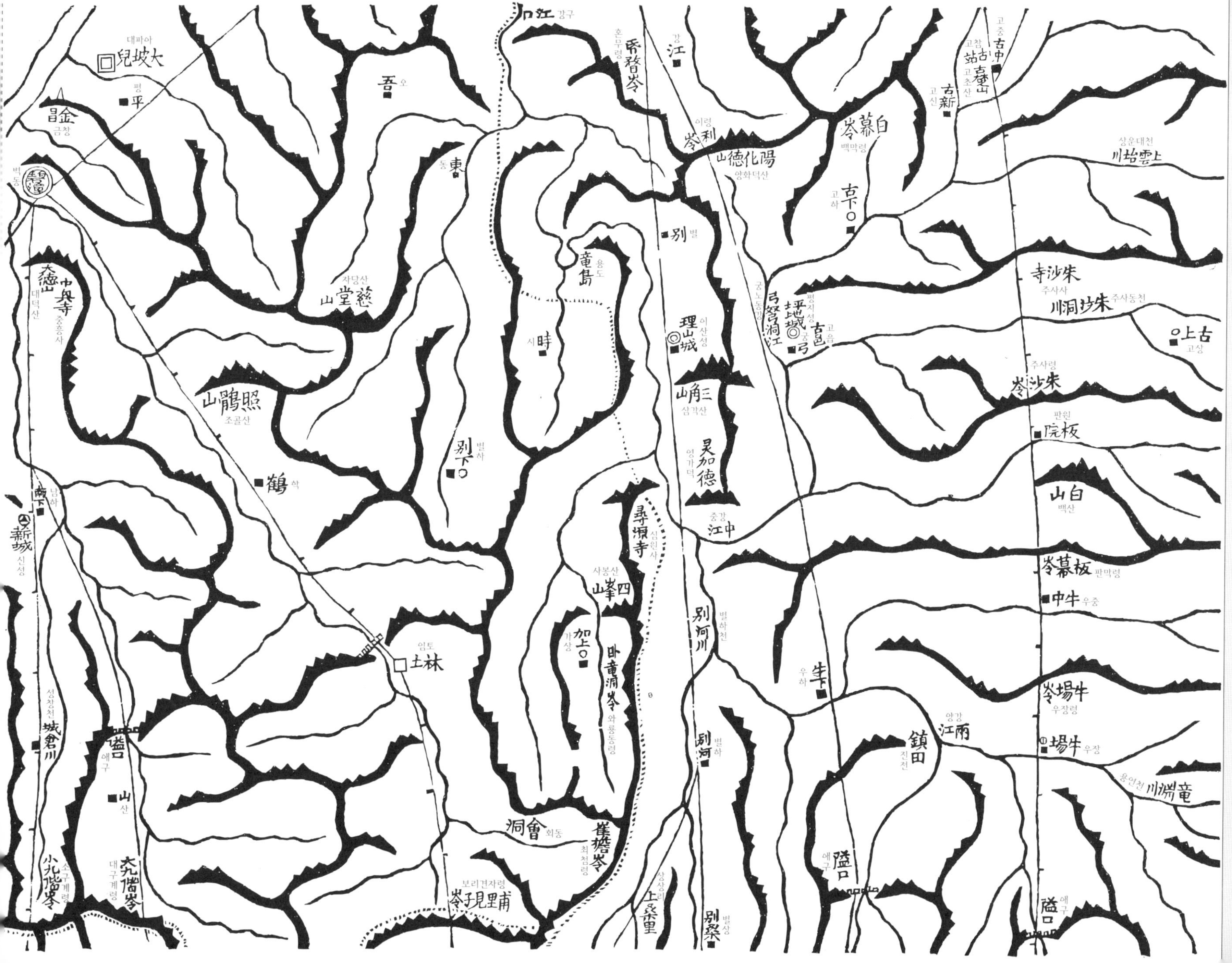

6-8 창성 昌城

창성은 국경을 이루고 있는 압록강 변의 고을이다. 국경 수비를 위해 설치하였던 진보와 봉수 등 관방 유적들은 수풍댐이 건설될 때 대부분 수몰되었다.

		5-7
	6-8	6-7
7-7	7-6	7-5

영아	▢ 영이 있는 읍치는 표시 안함	읍치	○무성 ◎유성	성지	🏔산성 ⛰관성	진보	▢무성 ▢유성	창고	■무성 ▣유성	목소	▨ 牧 場屬
고현	● ◉유성 ◎구읍지 유성	고진보	▲ ◮유성	역참	①	방리	○	능침	○원내 능호	봉수	▲	고산성	◭	도로	10리 2 3 4

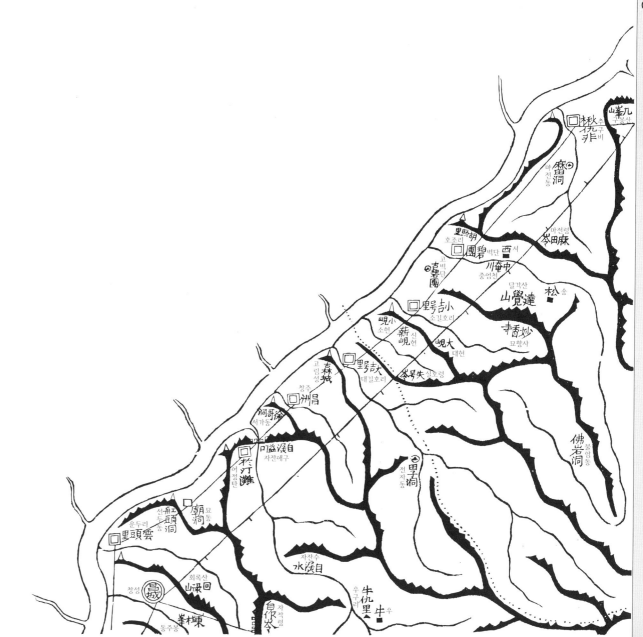

山峯九 구봉사

□秋林 추구비

廳洞 마전동

里昒朝 호조리

□團碧 벽단 西서

古碧團 고벽단

川奄中 중엄천

松 송

山覺達 달각산

里묵吉小 소길호리

峴小 소현

薪峴 신현

峴大 대현

寺香妙 묘향사

麻田洞 마전동

里城吉 고림성

里묵吉大 대길호리

谷묵失 실호령

昌洲 창주

洞哥徐 서가동

佛岩洞 불암동

□口涯自 자잔애구

甲子洞 전자동

灘汀漁 어정탄

廟洞 묘동

里頭船工 신두동

里頭雲 운두리

山淚回 회록사

水淚目 자잔수

牛仇里 우구리

牛 우

峯棟 동주봉

自伏자작령

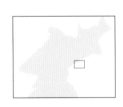

7-1 마양도 馬養島

함경도 북청 남부와 홍원 동부의 동해안 지역이다. 마양도 안쪽은 양화만인데, 현재 이곳에는 신포항이 조성되어 있다. 상단의 동해로 흘러드는 남대천은 북청 남대천이다.

6-4	6-3	6-2
7-2	7-1	
8-1		

영아	□ 영이 있는 읍치는 표시 안함	읍치	○무성 ◎유성	성지	🏔산성 ⛰관성	진보	□무성 ◻유성	창고	■무성 ▣유성	목소	🏯 牧 場屬
고현	● ◉유성 ◎구읍지 유성	고진보	▲ ⏏유성	역참	①	방리	○	능침	○원내 능호	봉수	▲
								고산성	🔺	도로	10리 2 3 4

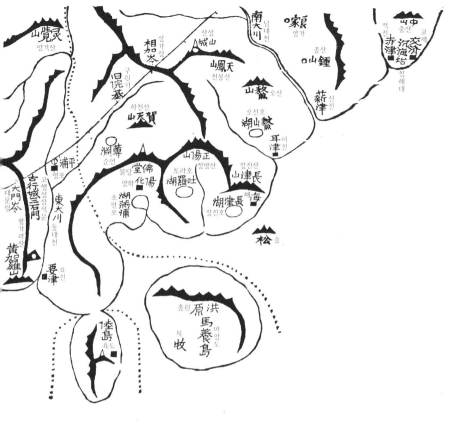

7-2 함흥咸興 홍원洪原

함경도 함흥은 조선을 세운 태조 이성계가 살던 곳이라 관련된 유적지와 전설이 많다. 조선 10대로의 하나인
경흥로는 함흥과 홍원을 지나 동북쪽의 북청으로 연결된다.

6-5	6-4	6-3
7-3	7-2	7-1
8-2	8-1	

영아 ☐ 영이 있는 읍치는 표시 안함	읍치 ◯무성 ⬤유성	성지 🌋산성 〰관성	진보 ☐무성 ⬛유성	창고 ■무성 ■유성	목소 🏯 牧 場屬
고현 ● ◉유성 ◎ 구읍지 유성	고진보 ▲ ⬤유성	역참 ①	방리 ◯	능침 ◯원내 능호	봉수 ▲	고산성 🔺	도로 10리 2 3 4

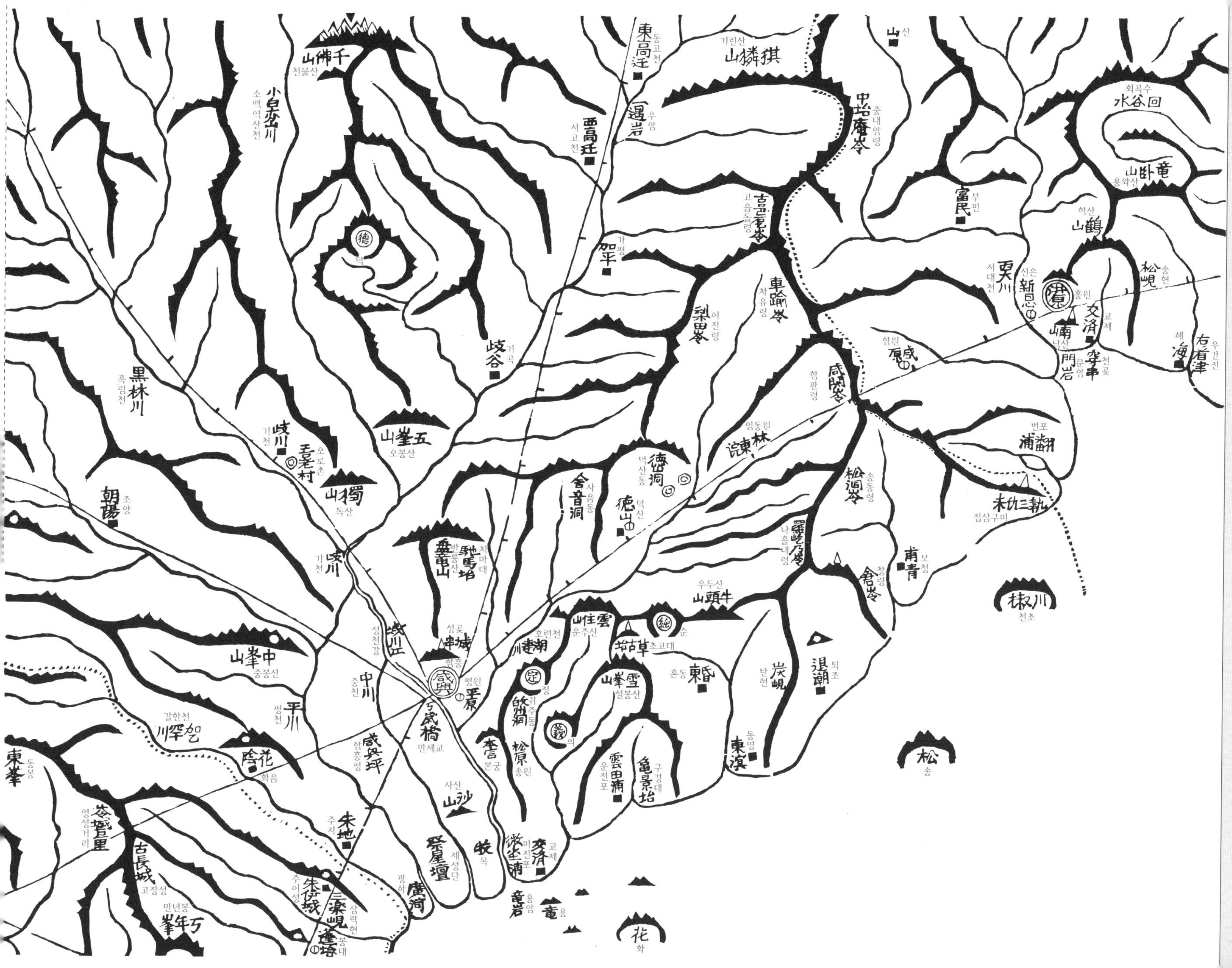
천불산
소백역산천
동고천
우암
서고천
거린산
중대암령
산
회곡수
용와산
부민
학산
송현
서대천
신은
홍원
교제
가평
덕
차유령
이전령
기곡
함원
남산
문암
천곶
해
우간진
흑림천
함관령
오봉산
기천
오로촌
독산
임동원
번포
덕산동
사음동
덕산
송동령
조양
집삼구미
나흘내령
치마대
반룡산
보청
창령
우두산
천초
성천강
성곶
호련천
운주산
순
초고대
중봉산
함흥
평원
정
중천
혼동
퇴조
탄현
설봉산
갈한천
평천
만세교
함흥평
본궁
송원
의
동명
송
동봉
화음
사산
구경대
운전포
영성거리
주지
제성단
목
미진포
광하
주이성
고장성
만년봉
삼락현
봉대
용암
용
화

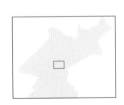

7-3 영성寧城

북쪽에서 내려온 백두대간 산줄기가 상검산에서 하검산을 지나 남쪽으로 뻗어 내려간다. 백두대간 서쪽은 평안도 영원 고을이고, 동북쪽은 함흥, 동남쪽은 정평 고을이다.

6-6	6-5	6-4
7-4	7-3	7-2
8-3	8-2	8-1

영아	▢ 영이 있는 읍치는 표시 안함	읍치	○무성 ◎유성	성지	🏠산성 ⌅관성	진보	▢무성 ▣유성	창고	■무성 ▣유성	목소	🔲 牧 場屬
고현	●◉유성 ◎구읍지 유성	고진보	▲ ♠유성	역참	①	방리 ○	능침	○원내 능호	봉수	▲	고산성	▲	도로	10리 2 3 4

口領中 중산령

洞林樂內 내낙림동

川林香 상림천
洞林樂외 외낙림동
洞隱箕 가은동

山龍小 소룡산
榮 낙

山尺莫池 지막지산
黑 흑

金水窟 금수굴

石帝虛 석룡굴
廣城山 광성산
城 성용굴
城 성

社林 사

古加莫驛 고가막여

釼 검

中川 중천

山釼上 상검산

山雲白 백운산
山宜天 천의산

峯日㷉 차일봉

加莫洞 가막동

成佛寺 성불사
泛水庵 범수암

新 신

온 温

仇非津 구비진

中釼山 춘검산
峯踰馬 마유령

上 상

古 고

甫新院 보신원

加 가

寧城 영성

峯炉香 향로봉

祊項 이성항

山釼下 하검산

三藏山 삼장산
中 중

7-4 희천熙川

청남정맥에 솟은 묘향산은 우리나라 4대 명산에 꼽히는 산이다. 상단 가운데에서 서남으로 흐르며 희천 고을을 지나는 하천은 청천강 상류다. 우측 하단의 하천은 대동강 줄기다.

6-7	6-6	6-5
7-5	7-4	7-3
8-4	8-3	8-2

영아 ▢ 영이 있는 읍치는 표시 안함	읍치 ○무성 ◎유성	성지 🏔산성 〰관성	진보 □무성 ▥유성	창고 ■무성 ▩유성	목소 囲 牧 場屬
고현 ●●유성 ◎구읍지 유성	고진보 ▲△유성	역참 ①	방리 ○	능침 ○원내 능호	봉수 ▲ 고산성 ◬ 도로 10리 2 3 4

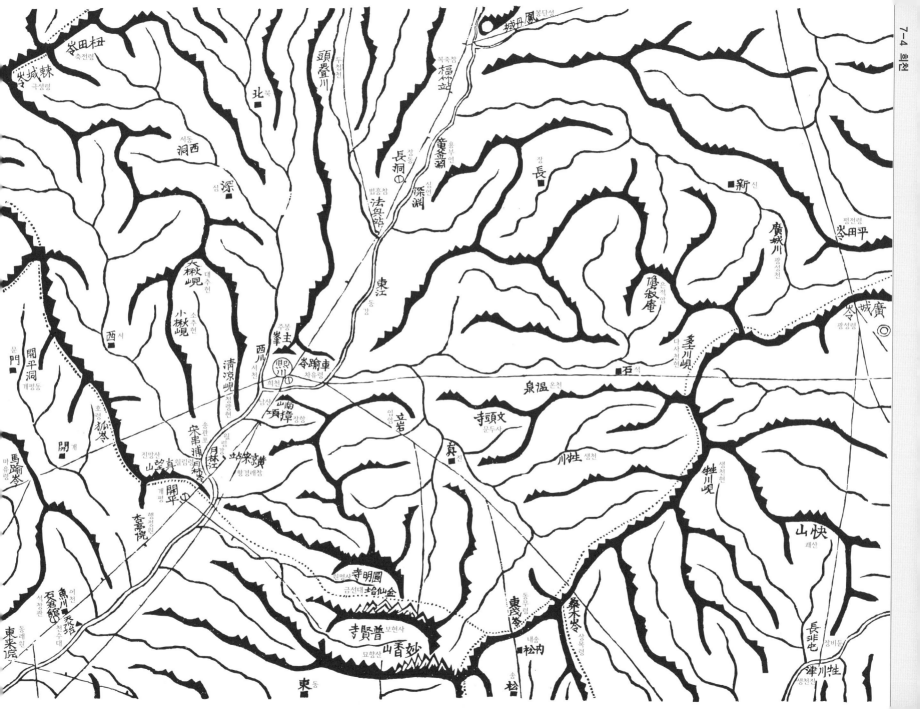

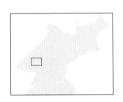

7-5 운산 雲山

우측 상단의 구인령에서 우현~월은내령으로 뻗는 산줄기는 청북정맥으로서 천리장성 일부를 이룬다. 여기서 발원해 남류하며 운산을 지나는 하천은 지금의 구룡강이고, 서쪽의 당아산성을 지나는 하천은 대정강의 상류다.

6-8	6-7	6-6
7-6	7-5	7-4
8-5	8-4	8-3

영아 ☐ 영이 있는 읍치는 표시 안함	읍치 ○무성 ◉유성	성지 🏯산성 ⚓관성	진보 ☐무성 ▣유성	창고 ■무성 ▣유성	목소 囮 牧 場屬
고현 ●유성 ◎유성 ◎구읍지 유성	고진보 ▲ ⬟유성	역참 ① 방리 ○	능침 ○원내능호	봉수 ▲	고산성 ⬛ 도로 10리 2 3 4

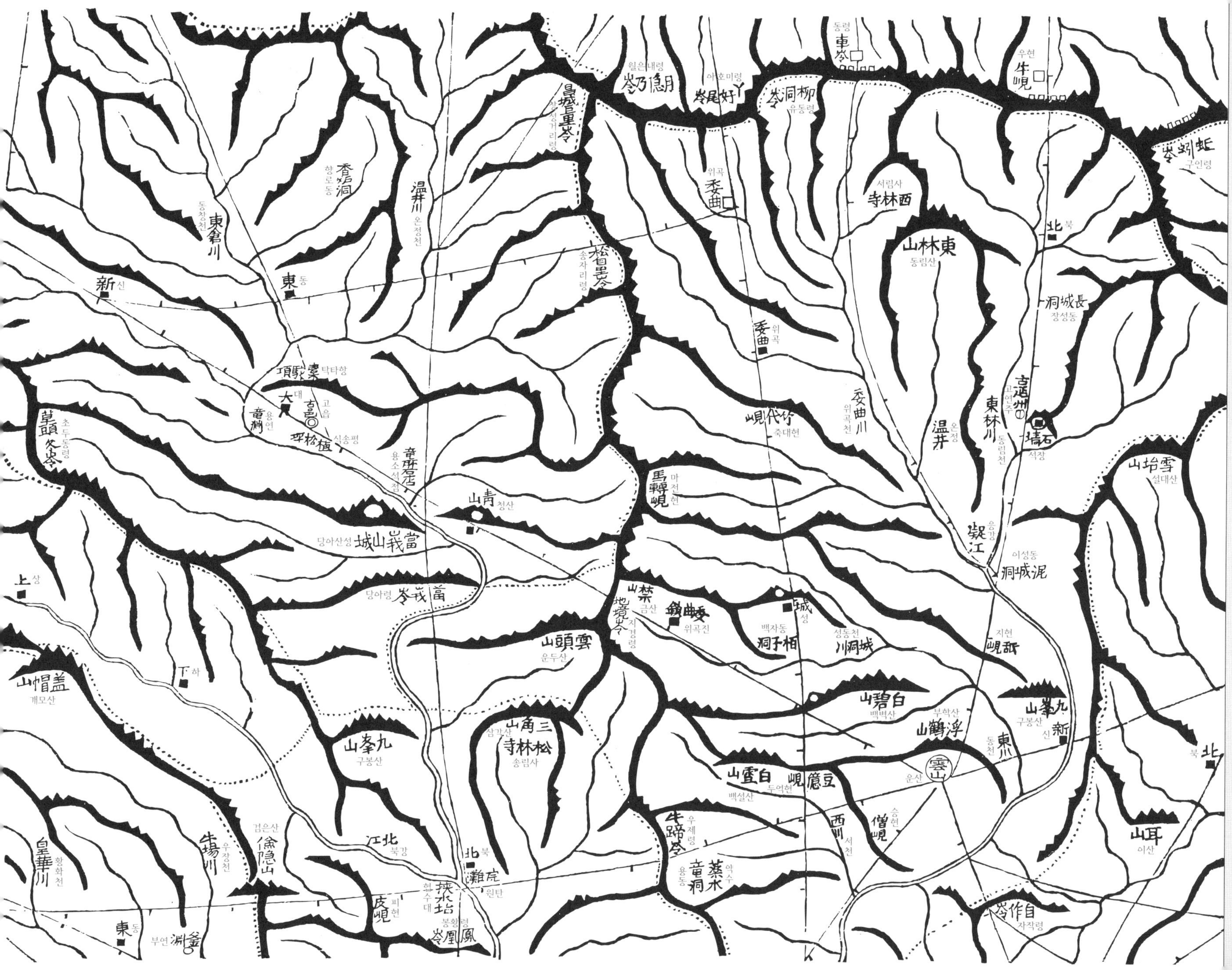
동령
우현
월은내령
아호미령
유동령
황성거리령
향로동
온정천
동창천
위곡
서림사
구인령
북
동림산
송자리령
동
신
장성동
위곡
탁타항
대
고읍
용연
초두동령
식송평
위곡천
죽대현
고연주
온정
동림천
석장
설대산
용소석점
청산
마전현
응강
당아산성
이성동
상
당아령
금산
위곡진
백자동
성
성동천
지현
지경령
운두산
하
개모산
백벽산
부학산
구봉산
신
삼각산
구봉산
송림사
동천
북
운산
두억현
백설산
승현
우제령
서천
이산
검은산
우장천
북강
북
약수
용동
황화천
피현
협수대
원탄
봉황령
자작령
동
부연

7-6 삭주朔州 구성龜城

우측 상단의 완항령에서 서남으로 뻗으며 온정령을 지나는 청북정맥 산줄기에는 천리장성 일부를 담당하던 관성들이 줄지어 있다. 좌측 상단의 폭이 넓은 강줄기는 압록강이다.

	6-8	6-7
7-7	7-6	7-5
8-6	8-5	8-4

영아	☐ 영이 있는 읍치는 표시 안함	읍치	○무성 ◎유성	성지	🏔산성 ⛰관성	진보	☐무성 ▣유성	창고	■무성 ■유성	목소	🏕 牧 場屬
고현	● ◉유성 ◎구읍지 유성	고진보	▲ ⛰유성	역참	①	방리	○	능침	○원내 능호	봉수	▲	고산성	⛰	도로	10리 2 3 4

岩甲 갑암
山峯二 이봉산
川岩甲 갑암천
里古所 소고리
上 상
鎭寨恃 시채진

仇往田 전왕구비
岑坪延 연평령
峯雲方 망운대
北 북
山勒弥 미륵산
瀑落 낙폭
洞昌金 금창동
隱仙岩 은선암
嶺項後 완항령
寒恃 시채

岩秋權 권추암
灘土雜 노토탄
水青 청수
城弥嘉 가미성
板幕岑 판막령
川歧三 삼기천
川幕板 판막천
朔州
隱仙岩
山岡登 등강산
尸溢洞沙束 속사동애구
洞昌金
宋雲洞 송운동동

山子亭 정자산
城青 청성
川水青 청수천
板院 판원
板幕山 판막산
洞田件 건전동
温芥川
深源山 세반천
川畔界 계반천
防墙
大晦洞 대회동
紗帽洞 사모동
小束沙 소속사
東墙 대병장
山竜頭 두룡산

城姑 고성
清城川 청성천
廣土平 광평
温井 온정
井温 온정정
洞里吾 오리동
界畔岑 계반령
泉洞 천동
川洞生 생동천
東 동

峴城 성현
岑作自 자작령
山德来古 고래덕령
尚 상
天摩 천마
大城岑 대성령
溫井小 소온정령
岑沸温 오정령
川子呂白 백려자천
山頭城古 고성두산
山隱釼 검은산
防墙川 방잘천
南 남
川弟兄 형제천

山子呂 여자산
聯珠城 연주성
加山 가산
峯三 삼봉
洞長 장동
山摩天 천마산
城秋岑 추령
屯摩天 천마둔
大朔州 대삭
明大 대삭
窟岩 굴암사
圓通寺 원통사

真峴 진현
岾岠 가직령
靈城岑 영성령
岑八大 대팔영령령
串野 소곶
山兵利 이병산
城姑 고성

院 원
戒定 정용
山鯢大 대사산
棘塞岑 대사령
塔
義安
山竜青 청룡산
山산
川営八 팔영천
城門後 아문대

瀑布岑 폭포령
寒垣岑 새원령
植松 식송
臺驛城肯朔 판원령
安 안
若洞峴 노동령
川洞芦 노동천
山鋓犁 이벽산
城姑 고성

川臨 임천
片肯城 판긍성
川竜青 청룡천

7-7 의주 義州

압록강 하구의 의주 고을은 중국 심양으로 통하는 관문이다. 압록강의 10여 개 하중도 중에서 가장 큰 섬인 위화도는 이성계가 회군한 섬이다.

		6-8
	7-7	7-6
	8-6	8-5

영아 ☐ 영이 있는 읍치는 표시 안함	읍치 ○무성 ◎유성	성지 🏔산성 ⌒⌒관성	진보 ☐무성 ☐유성	창고 ■무성 ■유성	목소 🏢 牧 場屬
고현 ●◉유성 ◎구읍지 유성	고진보 ▲ ♠유성	역참 ①	방리 ○	능침 ○원내 능호	봉수 ▲	고산성 ⛰	도로 10리 2 3 4

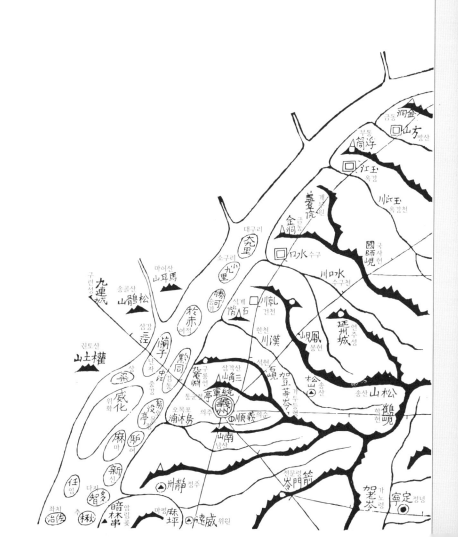

8-1 정평定平 영흥永興

천리장성의 동쪽 끝 지역을 이루는 함경도 영흥은 이성계가 태어난 고을이다. 영흥 · 정평 해안의 평야지대는 함경도의 식량 창고 역할을 한다.

7-3	7-2	7-1
8-2	8-1	
9-2	9-1	

영아	□ 영이 있는 읍치는 표시 안함	읍치	○무성 ◎유성	성지	🏔산성 ⛰관성	진보	□무성 ◪유성	창고	■무성 ■유성	목소	牧 場屬
고현	● ◉유성 ◎구읍지 유성	고진보	▲ ◬유성	역참	①	방리	○	능침	○원내 능호	봉수 🔺	고산성 🔺 도로 10리 2 3 4

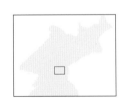

8-2 요덕 耀德

백두대간 산줄기가 횡천령~철옹성을 지난 뒤 동남으로 뻗어 간다. 백두대간 동쪽은 함경도 영흥의 큰 하천
인 용흥강 상류가 되고, 서쪽은 평안도 땅으로서 모두 대동강 수계다.

7-4	7-3	7-2
8-3	8-2	8-1
9-3	9-2	9-1

영아 □ 영이 있는 읍치는 표시 안함	읍치 ○무성 ◎유성	성지 🏔산성 ⛰관성	진보 □무성 ◪유성	창고 ◼무성 ◼유성	목소 圀 牧 場屬
고현 ●유성 ◎구읍지 유성	고진보 ▲ ◬유성	역참 ①	방리 ○	능침 ○원내 능호	봉수 ▲	고산성 ◮	도로 10리 2 3 4

獐項 장항
鵲岩峴 석암현천
雙溪寺 쌍계사
曹溪寺 조계사
竜淵寺 용연사
成佛寺 성불사 소금산
小釰山 소금산
五峯山 오봉산
平湖峴 평호령
可斗峴 가두둘령
朽峴 어현
圓明寺 원명사
南山寺 남산사
天竺寺 천가령
山 산
雪峯山 설봉산
靜邊 정변
蒲仁滯 팔인포
九末德 구미덕
九末川 구미천
大博山 대박산
鎭靜寺 진정사 진천주
廣灘 평탄
竜神 용시사
靈水寺 운주사
月項峴 일항학령
懸雲峴 현운령
假 가
橫川 횡천
橫川峴 횡천령
平安道
咸鏡道
西智峴 양가음령
万鎭德山 만진덕산
安都里山 안도리산
仓陳德山 구진덕산
牛頭庵 우두암
神靜峯 신지봉 두무암
雙溪寺 쌍계사
艾新 애신
祖月庵 조일암
都會峴 도회령
立元寺 입원사
艾田峴 애전현
孟州峴 맹주령 청웅성
鐵甕城 청웅성 두무령
豆無峴 두무령
東 동
自作峴 자작령
雲峯山 운봉산
長平峴 장평령
靑山 청산
巨床峴 거상령
屛風山 병풍산
水落寺 수락사
大池 대지
鷲岩里 취임리
禾易峴 화이령 화어령
吳江山 오강산
卧竜山 와룡산
寒眉山 한미산
雲谷川 운곡천
社 사
鐵州 철주
平州 평주
水下 수하
枏田峴 축천령
淡岩峴 담암령
耀德 요덕

8-3 덕천德川 맹산孟山 개천价川

우측 상단에서 서남류하며 평안도 영원·덕천을 지나가는 하천은 대동강 상류다. 대동강 서쪽의 장안산~백운산 산줄기는 청남정맥이다.

7-5	7-4	7-3
8-4	8-3	8-2
9-4	9-3	9-2

영아 □ 영이 있는 읍치는 표시 안함	읍치 ○무성 ◎유성	성지 ⛰산성 🗻관성	진보 □무성 ▣유성	창고 ■무성 ■유성	목소 囲 牧 場/屬
고현 ● ◉유성 ◎ 구읍지 유성	고진보 ▲ ▲유성	역참 ①	방리 ○	능침 ○원내 능호	봉수 ▲	고산성 ▲	도로 10리 2 3 4

新 신소민 萊民
龍門山 용문산
釰山 검산
觀音山 관음산
北 북
十希川 십희천
長江 장강
多惡山 다악산
加音峯 가음봉
門峴 문현
梨木院 이목원
長壽山 장수산
豆峴 두현
新里山 신리산
鳳臺山 봉대산
南山 남산
釰每安山 검매안산
豆無山 두무산
長林 장림
甑峯 증봉
月峯山 월봉산
新山 신산
堂山 당산 덕천
天摩山 전마산
古德州嶺 고덕주령
三灘 삼탄
古邑城津 고읍성진
金城山 금성산
豆老介 두로개
過日嶺 과일령
高院 고원
平也院 평지원
西 서
矢梁川 사량천
大德山 대덕산
新邑 신읍
潦源江 요원강
艶江 염강
光山 광산 대림산
大朴山 대박산
釜淵 부연
長安山 장안산
長楊山 장양산
南 남
南山嶺 남산령
德林 덕림
龍門山 용문산
東 동
少羊淵 소등연
佐見嶺 좌견령
柿亭嶺 시정령
北川 북천
漠灘江 막탄강
白雲山 백운산
麻田嶺 마전령
新店 신점
黃茂嶺 황무령
牛場山 오장산
鞍嶺 안령
姑射山 고사산
墨方山 묵방산
官埋峴 관매현
三月江 삼월강
廣 광
廣劇店 광천점
秀羅山 수라산
梅花嶺 매화령
無盡院 무진원
鳳 봉
古城山 고성산
蚕舍津 잠사진
理帖淵 리첩연
北 북
玉井川 옥정천
南川 남천
東川 동천
橫溪山 횡계산
龍島 용도
逐陰山 수음산
東 동
鐵嶺 연령
天長嶺 천장령
假 가
高城州 고성주
今勿川 금물천
奉日山 봉일산
金淵 금연
金剛山 금강산
雲頭山 운두산
思母嶺 마천령
天聖山 천성산
江西山 강서산
龍湍 용단
雖勒嶺 미륵령
五峯山 오봉산
汗嶺 한령
靑田川 청전천
院 원
南 남
松峴 송현

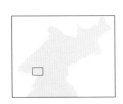

8-4 영변寧邊 안주安州 태천泰川

우측 상단에서 서남류하는 큰 하천은 청천강이다. 영변을 지나온 공포천(지금의 구룡강)을 노도 부근에서 합류하고, 하구에 이르러 대정강(지금의 대령강)을 받아들인 후 서해로 흘러든다.

7-6	7-5	7-4
8-5	8-4	8-3
	9-4	9-3

영아	▢ 영이 있는 읍치는 표시 안함	읍치 ○무성 ◎유성	성지 🏔️산성 ⛰️관성	진보 ▢무성 ▦유성	창고 ■무성 ◼유성	목소 🏯牧 場屬
고현	● ◉유성 ◎구읍지 유성	고진보 ▲ 🔺유성	역참 ①	방리 ○	능침 ○원내 능호	봉수 ▲	고산성 ⛰️	도로 10리 2 3 4

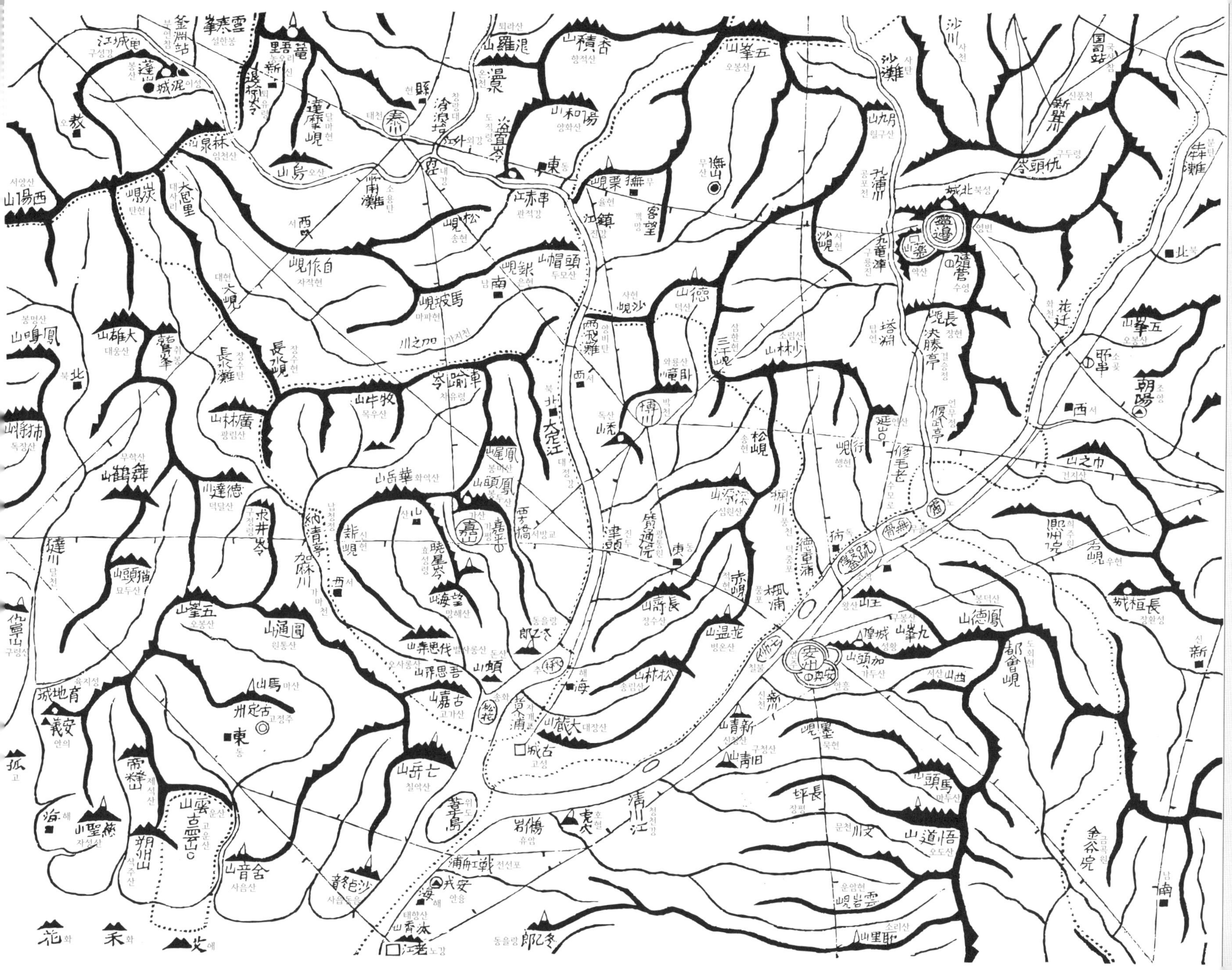

설한봉
부연참
구성강
봉산
이성
동오리
퇴라산
향적산
오봉산
사천
사탄
국사참
신풍천
태천
창정대
달마현
도직령
양화산
임천산
오산
외강
내강
소용탄
관적강
대사리
탄현
서양산
무산
율현
진강
개명
공포천
월구산
구두령
북성
영변
사현
구룡진
약산
수영
북
송현
자작현
두모산
은현
남
마파현
가지천
대현
봉명산
대웅산
장수탄
장수현
사현
앙비탄
덕산
삼한현
소림산
와룡산
탑연
결승정
창현
화천
오봉산
소곶
조양
북
취봉
차유령
목우산
광림산
박천
독산
송현
여산
행현
연무정
서
독직산
무학산
봉미산
화악산
대정강
건지산
수모로
덕달산
구정령
납청정
신현
효성령
가산
가평
서방교
진두
광통원
동
풍천
덕중포
희천원
우현
달천
묘두산
가마천
망해산
척현
장수산
풍포
왕산
구봉산
봉덕산
장환성
오봉산
원통산
별사롱산
도산
동을랑
병온산
성황
가두산
도회현
신
마산
고정주
육지성
송화
자개포
해
송림산
대장산
칠봉
신천
안흥
서산
동
고성
연의
신청산
구청산
묵현
고
칠악산
위도
해
마두산
제석산
운산
호혈
청천강
장평
문천
금곡원
자성산
고운산
삭주산
유암
전선포
오도산
사음산
사읍동을
안흥
운암현
남
태향산
소리산
화
화
에
노강
동을랑

8-5 철산鐵山 선천宣川 정주定州

상단 가운데 부근의 장현에서 서남쪽의 이현~보광산~망일산~용골산으로 뻗은 산줄기는 청북정맥이고, 하단의 바다는 서해다. 이 일대는 고려 때 회복한 강동 6주에 속한다.

7-7	7-6	7-5
8-6	8-5	8-4
		9-4

영아	☐ 영이 있는 읍치는 표시 안함	읍치 ○무성 ◎유성	성지 🏔산성 ⛰관성	진보 ☐무성 ▢유성	창고 ■무성 ▣유성	목소 🏛 牧 場屬
고현 ●○유성 ◎구읍지 유성		고진보 ▲ ◢유성	역참 ①	방리 ○	능침 ○원내 능호	봉수 ▲ 고산성 ◮ 도로 10리 2 3 4

城平延 연평성
月化 일화
峯牛 우봉
山殊文 문수산
山雲白 백운산
山嚴華 화엄산
山光普 보광산
山雲栖 서운산
崧北 북숭
山香 향산작
峴鵲 작작현
白雀峴
梨峴 이현
梨樹坪 이수평
峴長 장현
臺亭 정자현
橋落浮 부락교
川林九 구림천
南 남
泉洞峴 천동현
泉竜 용천
山骨竜 용골산
山日望 망일산
東嶺山 동령산
月雲嶺 일운령
山化長 장화산
林西 서림
山峯雲 운봉산
山巨梨 이거리
峴方 방현
山身吉 길상산
山燈紫 등경산
州鉄古 고철주
輦車 차련
山隱釰 검은산
峴栢柿 시백현
皮峴 피현
峴松 송현
山岸左 좌이산
山釰 검산
山靈地 지령산
山峯妙 묘봉산
山屹于 독우산
古邑 고읍
月雲川 일운천
峴車旧 구차현
左峴閔 좌현민
林東 동림 고선주
州古 고선주
渡店 도점
唐道峴
山鵑舞 무골산
鉄馬川 철마천
山家 가리산
峯瓢 표봉
川孟 맹천
北 북
鳳凰峴 봉황현
清江 청강
林田 임전
선천①
峯三 삼봉
山靑來 청래산
山決長 장경산
영청산
峯熊骨 웅골산
暗雲 운암
新 신
古長城 고장성
清城 극성
山釰 검산
泥峴 이현
巳峴 사현
薪峴 신현
峴境地 지경현
郭山 곽산
雲 운
새新 신
高邑 고읍
峯五 오봉산
鉄山 철산
山銀儲 저은산
掘江浦 굴강포
鶴峴 학현
山圓 원산
山將獨 독장산
長川 장천
古邑 고읍
松足 송족
山可 소가산
富松嶺 부송령
新安
州定 정주①
岐串 기곶
山郎於 어랑산
清水 청수
待変亭 수청정
고두문
府古 고부
西晴 서청
영성산
古邑 고읍
山靈 영산
黔金 금로곶
洞城 동성
牛大 대거우
富朔 부삭
城土古 고토성
津浦東望 망동포진
山梁白 백양산
高頭門 고두문
薪串東 동신곶
南 남
海岸 해안
串沙峴 선사현
宣沙浦 선사포
山巳 사산
浮落浦 부락포
岩靑 청암산
山游観 관유산
陟搖浦 요척포
海臨 임해
牛小 소거우
大 인
蝟伊弄都 도롱이
熊 웅
山明昜 양명산
竜 원
真 진
松 송가화
葛 갈
巾横 횡건
巾横小 소횡건
里羅月 월라리
族海 족해
串海鎮 구자곶 진해
求子峴 구자현
圓 원
戎獗 여귈
炭島 탄도 牧 목
蝶 접
伽次 가화
草芝 지초
里牛 우리
串三 삼곶
古孫郎 고미랑 고리성
城莒亀 엽구성
都致串 도치곶
牧 목
獷 날
圓家 취가산
老月 월로
冊 책
牧 목
門朴只 문박지
里必 필우리
猫 묘
獐內 내장
獐 장
烏 오
牛加大 대가차
牛加小 소가차
和小 소화
島弥身 신미도
牧 목
鹿 녹
島假 가도 牧 목
梛小 소가
和大 대화
串邪 소곶

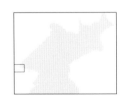

8-6 용천 龍川

압록강 하구로서 신의주 일대다. 하구 동쪽의 미라산은 청북정맥의 끝자락이다. 도랑강은 거란과의 귀주대첩 당시 강물을 막아 크게 승리한 하천으로서, 지금의 삼교천이다.

	7-7	7-6
	8-6	8-5

영아 ☐ 영이 있는 읍치는 표시 안함	읍치 ○무성 ◎유성	성지 🏔산성 ⛰관성	진보 ☐무성 ◩유성	창고 ■무성 ■유성	목소 🏯 牧 場屬
고현 ●유성 ◉유성 ◎구읍지 유성	고진보 ▲ 🔺유성	역참 ①	방리 ○	능침 ○원내능호	봉수 ▲	고산성 🔺	도로 10리 2 3 4

大摠江 대총강
楊下口 양하구
人家櫛比 인가즐비
원만
인산
인주
고읍
백마
태조봉
소곶
소곶
원진포
고진강
회군천
미륵당
해둔
고장성
진병곶
박선
영천
오리암
운량포
양둔
江浪都 도랑강
갈산
석현
지경현
옥전산
법흥산
양하
龍川 용천
대산
용호봉
용면산
운향포
미라산
진곶
미곶
사위포
양량곶
남
고산
석곶
난
新島 신도
신지
용봉산
獅子 사자
요
마
애
축
오도
도룡
치
저지
연통

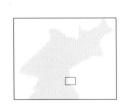

9-1 고원高原 문천文川 덕원德源

좌측 하단의 마수령이 표기된 굵은 산줄기는 백두대간이다. 현재는 호도반도와 송전만, 목장이 있는 사눌도, 영흥만, 원산항이 해안으로 이어져 있다.

8-2	8-1	
9-2	9-1	
10-3	10-2	10-1

영아	□ 영이 있는 읍치는 표시 안함	읍치	○무성 ◎유성	성지	🏔산성 ⌒관성	진보	□무성 ■유성	창고	■무성 ■유성	목소	🄵 牧 場屬
고현	● ◉유성 ◎구읍지 유성	고진보	▲ ▲유성	역참	①	방리	○	능침	○원내 능호	봉수	▲	고산성	⟁	도로	10리 2 3 4

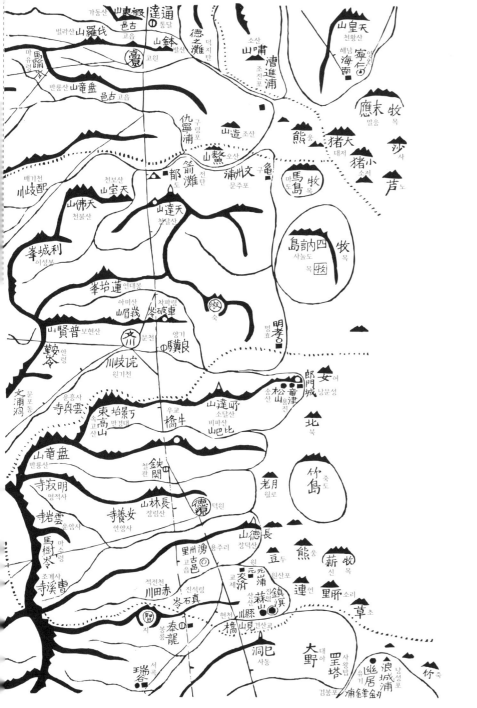

9-2 양덕 陽德

좌측 상단의 미놀령에서 동남의 운령~기린령~두류산으로 뻗어 가는 굵은 산줄기는 백두대간이다. 양덕을
지나는 하천은 대동강 지류인 남강이며, 좌측 상단의 쌍선 하천은 대동강 지류인 비류강이다.

8-3	8-2	8-1
9-3	9-2	9-1
10-4	10-3	10-2

영아	□ 영이 있는 읍치는 표시 안함	읍치	○무성 ◎유성	성지	🏔산성 ⛩관성	진보	□무성 ▣유성	창고	■무성 ▣유성	목소	🏛 牧 場屬
고현	●◎유성 ◎구읍지 유성	고진보	▲ ♠유성	역참	①	방리	○	능침	○원내 능호	봉수	▲	고산성	⛰	도로	10리 2 3 4

水上 수성
晦雲洞 회운동
尾老乙岺 미노
乙老尾 미노
兔城 토성
山竜九 구룡산
山鶴留 유학산
雲岺 유운령
雲岺 운령
天乞 성좌령
大峨峙 대아치
道成山 도성산
竜窟洞 용교동
鶴山寺 학산사
松峴 송현
曉鍾庵山 효종산
北平 북평
山方三 삼방산
新 신
雪谷 운곡
谷雪
莊岺
隍宇 해수
朴達岺 박달령
竹田岺 죽전령
吉峙 길치
瓮洞 옹동
平德 덕평
北釜峯 북선봉
山鉢羅 오라발산
長墨岺 거차리령
檜岺 회현
泥峴
灰峴 회현
松魚淵川 송어천
臼門峴 거문현
柚峴 죽현
雲林 운림
榆岺 유령
中
山巴比 비파산
雙竜寺
棋攤岺 기탄령
山沙加 가사산
比巴川 비파천
南鐥峯 남선봉
三方岺 삼방령
載峴
竜淵 용연
花餘岺 화현
山流頭 두류산
莉田溫泉 난천온천
草川 초천
隱子山 은우산
九曲岺 구곡령
芦洞岺 노동령
溫泉 온천
西能德巴 서덕
草川 초천
山楓露 노풍산
尼峴 의현
澤院 온정원
山鶴白 백학사
陽德 양덕
山織霧 무직산
紫霞山 자하산
屯田山 둔전산
山田屯
山木松 송목산
山高素 소고산
馬背川 마배천
大倫洞 대동
通

9-3 은산 殷山 성천 成川 강동 江東

좌측 상단의 북에서 남으로 흐르는 하천은 대동강, 우측 가운데에서 서쪽으로 흐르며 성천을 지나 대동강에
합류하는 하천은 비류강이다.

8-4	8-3	8-2
9-4	9-3	9-2
10-5	10-4	10-3

영아 □ 영이 있는 읍치는 표시 안함	읍치 ○무성 ◎유성	성지 🏔산성 ⛰관성	진보 □무성 ▣유성	창고 ■무성 ■유성	목소 🏛 牧 場屬
고현 ●◉유성 ◎구읍지 유성	고진보 ▲ ⛰유성	역참 ①	방리 ○	능침 ○원내 능호	봉수 ▲	고산성 ⛰	도로 10리 2 3 4

山西鳳 봉서산
山板負 부판산
山刀道 도봉산
山板橋 판교
靜戈江 순천강
科灘 사탄
城石津 성석진
山雉龍 용추산
山江鎭 진강산
邑古 고읍
錦溪 금계
新倉 신창신
新倉橋 신창교
山高正 정고산
山高唐 고당산
長浦 장포
山架倭 왜가산
朔寧川 삭녕천
山臨洛 임학산
所串谷 소곶곡
崇北山 숭화산
朔寧 삭녕
城岩岐 기암성
山花梨 이화산
樂水山 약수산
溫井 온정현
溫泉 온천
西
山尾頭 두미산
山達朴 박달산
山檜 회산
北
峴隅石 석우현
山岩孔 공암산
峴意如 여의현
山白太 태백산
石 석
嶺家禹 우가연
岱洞 대신동
虎甲山 호갑산
山負雲 운흥산
山楓香 청풍산
峴三 삼현
南
野大 대야
狐村 호촌
綜宵線
山頭鳳 봉두산
山水車 수고산
月灘 월탄
雜波灘 잡파탄
峴巳 사현
川廣岩 광암천
錢浦 전포
漢武津 한대진
山乾川 건천산
川識神 신식천
山大廣 광대산
山白太 태백산
山子孫 손자산
邑昌 창읍
山鶴釖 영대산
山鉄峯 철봉산
山童九 구룡산
峴蓀 손아현
山岩檜 금성산
山舍知 지사대
城岩四 사암성
山城金 금성산
灘犬 견탄
別
山岩靈 영대산
山毖麻 마흘산
峴着菁 삼도강령
山明月 월명산
東 동
洞河李 삼기강령
山次哀 환희산
山童九 구룡산
川晶水 수정천
岑葛 갈령
峴泥 이현
山雲五 오운산
直洞 직동
東 동
峴泥 이현
山折九 구절동
山雲白 백운산
山止乾 건지산
峴境地 지경현
峴西
川猪洞 전동천
西
岳土進 진사봉
院子太 태자원
峴門呂 여문령
山尾鳳 봉미산
灘鶴 학탄
城毛 임성탄
灘馬 마탄
城城女
山童九 구룡산
川串 곶천
院水長 장안성
戌安長

9-4 숙천肅川 영유永柔 순안順安

우측 상단에서 청남정맥이 도운산~황룡산~법홍산~미두산~두등산 등을 세우며 서남쪽으로 뻗어 간다. 남부의 미륵천 기슭에는 순안벌이 펼쳐져 있다. 평양 북부 지역이다.

8-5	8-4	8-3
	9-4	9-3
10-6	10-5	10-4

영아	☐ 영이 있는 읍치는 표시 안함	읍치	○무성 ◎유성	성지	⛰산성 ⛰관성	진보	☐무성 ◙유성	창고	■무성 ▨유성	목소	㊭ 牧 場屬
고현	●◉유성 ◎구읍지 유성	고진보	▲ ⬣유성	역참	①	방리	○	능침	○원내 능호	봉수	▲	고산성	⛰	도로	10리 2 3 4

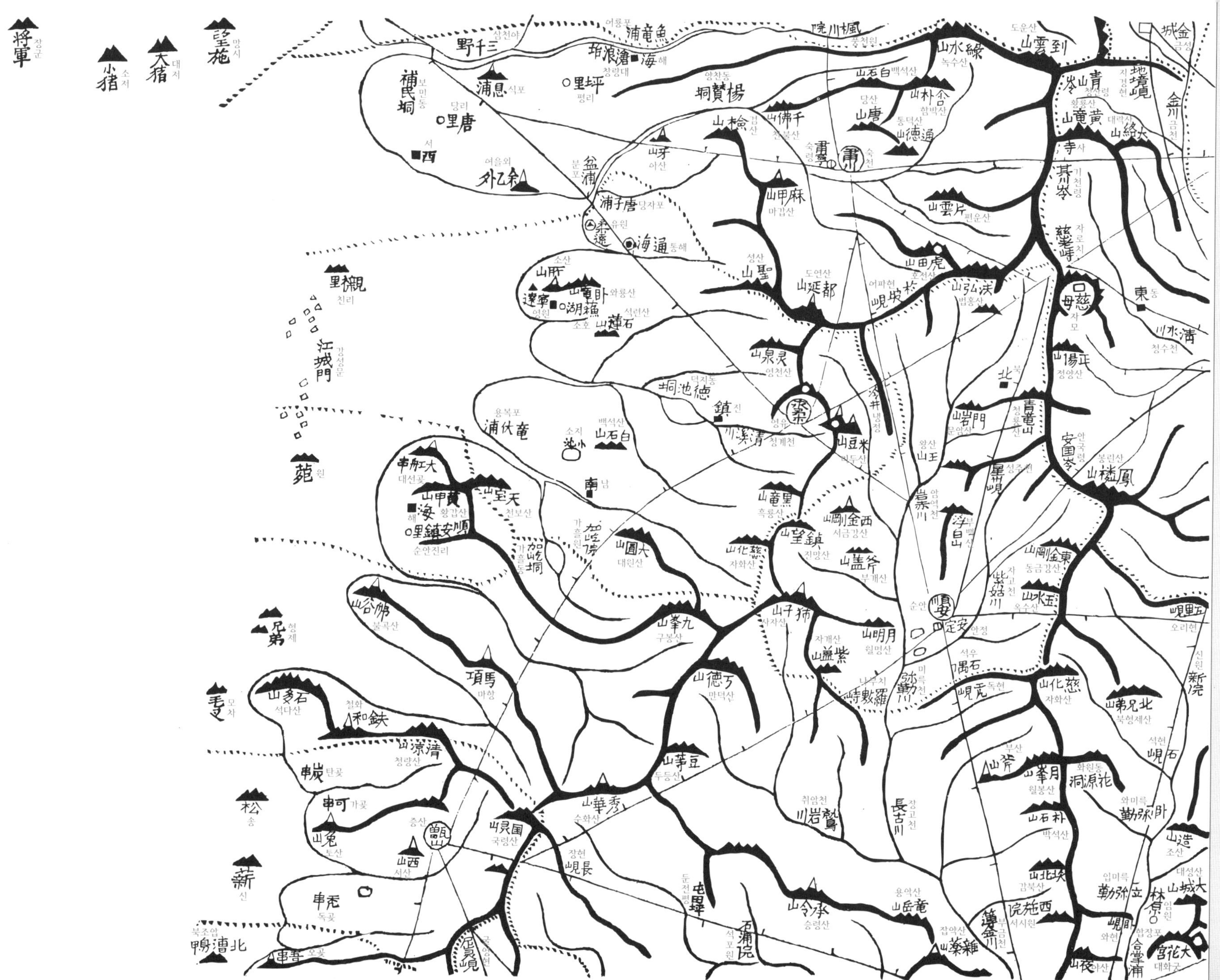

將軍
장군

小猪
소저
大猪
대저

望機
망서

野千三

10-1 문암 門岩

지도에 드러난 부분은 강원도 통천의 동남부 해안이다. 조진역은 통천과 고성을 잇는 해안길에 위치한 역이
다. 동해에는 황도, 송도, 사도 등의 섬들이 떠 있다.

9-1		
10-2	10-1	
11-2	11-1	

영아	□ 영이 있는 읍치는 표시 안함	읍치	○무성 ◎유성	성지	산성 관성	진보	□무성 ■유성	창고	■무성 ■유성	목소	牧 場屬
고현	● ◉유성 ◎구읍지 유성	고진보	▲ ⬥유성	역참	①	방리 ○	능침 ○원내 능호	봉수 ▲	고산성 ⛰	도로	10리 2 3 4

120

10-2 **안변** 安邊 **회양** 淮陽 **통천** 通川

좌측 상단에 백두대간이 살짝 모습을 드러냈다가 좌측 하단에 다시 나타나 회양 고을을 품고 크게 호를 그리며 남쪽으로 뻗어 간다. 동해안에는 안변, 흡곡, 통천 고을이 보인다.

9-2	9-1	
10-3	10-2	10-1
11-3	11-2	11-1

영아	□ 영이 있는 읍치는 표시 안함	읍치 ○ 무성 ◯ 유성	성지 ☒ 산성 ◠◠◠ 관성	진보 □ 무성 ▨ 유성	창고 ■ 무성 ■ 유성	목소 ▦ 牧 場屬
고현 ● ◉ 유성 ◎ 구읍지 유성		고진보 ▲ ⬤ 유성	역참 ① 방리 ○	능침 ○ 원내 능호	봉수 ▲ 고산성 ◭	도로 10리 2 3 4

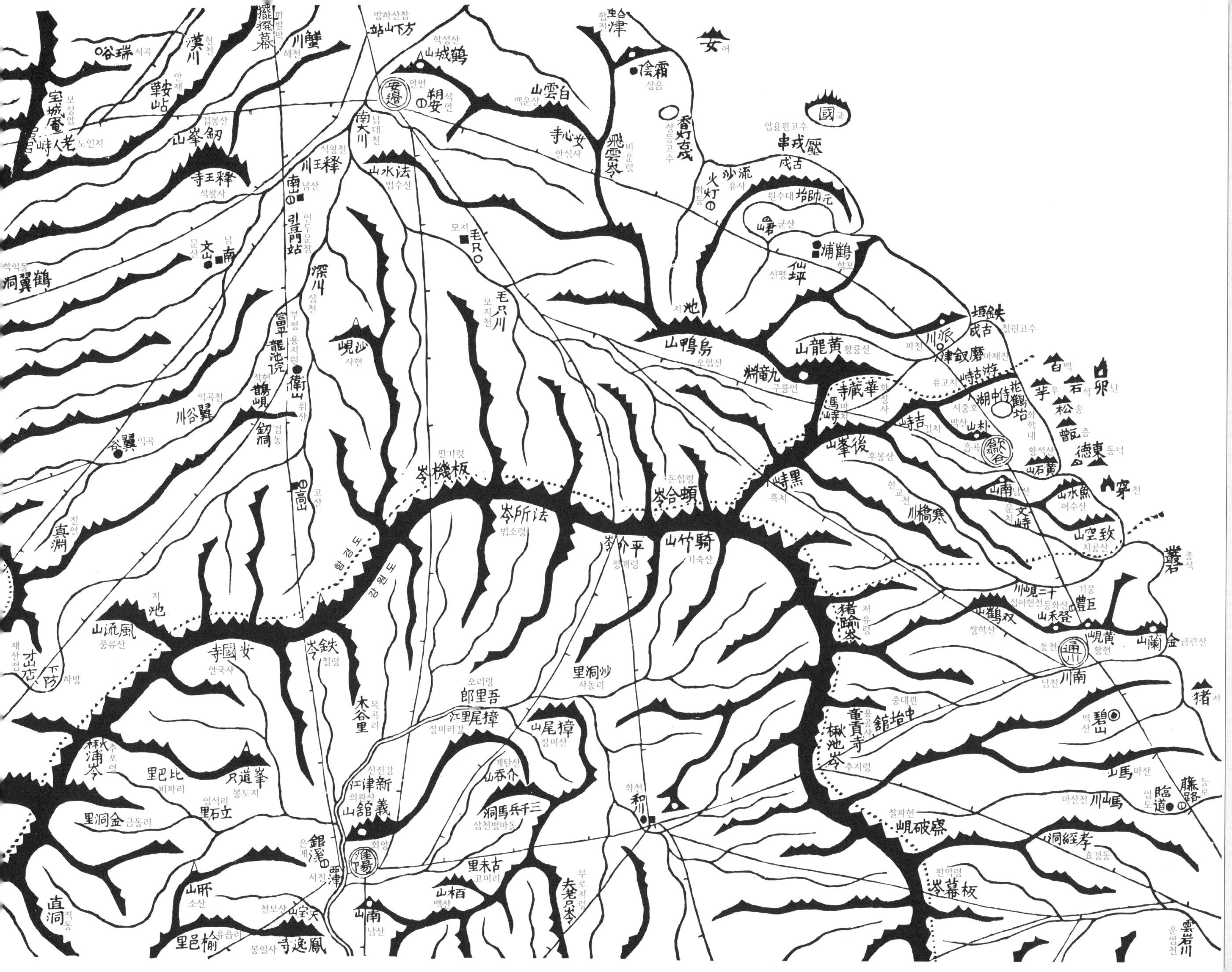

10-3 문성 文城 방장치 防墻峙

우측의 박달령~설운령~설탄령을 잇는 산줄기는 백두대간이다. 좌측의 쌍선으로 표현한 하천은 대동강 지류인 남강, 가운데 서남으로 흐르는 하천은 임진강이다.

9-3	9-2	9-1
10-4	10-3	10-2
11-4	11-3	11-2

영아 □ 영이 있는 읍치는 표시 안함	읍치 ○무성 ◯유성	성지 🏯산성 ⛰관성	진보 □무성 ▣유성	창고 ■무성 ▣유성	목소 圂 牧 場屬
고현 ●◉유성 ◎구읍지 유성	고진보 ▲ ◢유성	역참 ①	방리 ○	능침 ○원내 능호	봉수 ▲	고산성 ▲	도로 10리 2 3 4

霞嵐山 하람산

百靈窟 백령산 석굴

馬背岩 마배암

九曲岺 구곡령

大谷 대곡

大谷川 대곡천

田蘭 난전

大洞里 대동리

甲中岺 갑관령

求豐 읍룡

銀金洞岺 은금령

刀도

四峴 사현

車踰岺 차유령

牛岺川 우령천

加沙山 가사산

炭岺 탄령

上 상

朴達岺 박달령

西岩岺 검암령

鳴灘 명탄

圓寂庵 원적암

牛岺 우령

下 하

白鶴山 백학산

煙燧岺

槍岩岺

文城 문성

淵島 도연

靑凉山 청량산

放位里 방위리

文殊寺 문수사굴

佛峯峙 불봉치

溫泉 온천

菱菱 미세령

内山 대산

枏岺 축령

古末呑川 고미탄천

金里 금평리

島峙

五倫山 오륜산

末乾灘

寶達山 달보산

高達山 고달산

窟굴

菴산 산대암

防墻峙 방장치

葛山 갈산

艾里 예천리

外山 외산

檜田里 회전리

金代里 금대리

國師岺 국사령

阿津

觀寂寺 관적사

雲連山 운련산

蛇神山 신류산

臥龍山 와룡산

興雲寺 운흥사

廣峴 광현

溫泉 온천

仇里項溫泉 구리항온천

陰陽山 음양산

弓王墓 궁왕묘

中防 중방

硤居灘 당저탄

梧桐島 오동도

北북

開蓮山 개련산

廣福洞 광복동

紫霞山 자하산

北북

楡津川 유진천

助述 조술

上防

三防居

靑霞山 청하산

靑龍潭 청룡담

戱靈山 희령산

雲岺岺

10-4 삼등 三登 상원 祥原 수안 遂安

우측 가운데에서 서북으로 흐르며 삼등을 지나는 하천은 대동강 지류인 남강이다. 그 남쪽으로는 대각산~언진산~천자산~양파령을 잇는 해서정맥이 수안 고을을 감싸고 뻗어 간다.

9-4	9-3	9-2
10-5	10-4	10-3
11-5	11-4	11-3

영아	▢ 영이 있는 읍치는 표시 안함	읍치	○무성 ◎유성	성지	🏯산성 ⛰관성	진보	▢무성 ▣유성	창고	■무성 ▣유성	목소	囿 牧 場屬
고현	● ◉유성 ◎구읍지 유성	고진보	▲ ⬟유성	역참	① 방리 ○	능침	○원내 능호	봉수	▲	고산성	▲	도로 10리 2 3 4

法水村
球珂江 吾音
南
能將山 高治場 臺達
山南江 能建山 黃休 江成能
新垈山 下灘何許亭 覺靈 架山 江津山
東平院 萬寶院 德山 炭峴 楓松山
道證山 應岩 河川 頭鳳山
李生山 暗峴 三登 黃繡
靈鷲男山 泥峴 佳殊窟 石橋 七峯山 新 村内山
新場 鸞岩山 新 綬項嶺
鳳凰峴 童頭碑 勒令 阿達山 白蓮山
牛峒山 店立碑 獐 六令 大嶺
地境峴 文浦川 山蒜 甘莬山
虛靈山 晚峴 花山 獐峴 青龍里 彦眞山 白雲山
九里峴 斧山 高嶺山 馬乳嶺
黑硯 馬首岩 新羅庵 吳堂嶺 馬蹄嶺
七峯山 車踰嶺 天谷川 防垣川 佛覺寺
岳洞山 水山 古城 東大嶺
三方山 省東川 蔓嶺 霧山
松口城 南 防垣峴 財德長 起龍淵
法華山 長峴 甑峯 豆尾山 大社 文山 明山 汨川
礪峴 冷井山 尾岑 角山
王臨川 非肥山 甑擊山
大德山 瑞兵峴 天子山 遼東山 石峴 橋院 勒尒山
金坮山 紫微山 梓峴 民乙里岑
有德山 衣坪 陽波岑 新破峴 熊山 巨里岑
細坪 積院 位羅 大橋灘 梨山 須弥山
位羅門 城峴 造山造川 東石灘 愁岑院
自急岑 五峯山 加納山 黑石灘 愁岑 李浦
石峴南山

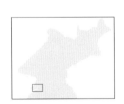

10-5 평양 平壤 강서 江西 황주 黃州

대동강이 평양을 지나 월당강(지금의 재령강)을 합류한 뒤 서해로 흘러든다. 평양은 고구려의 마지막 도읍지로서 고분과 성터 등 수많은 유적들이 산재한다.

	9-4	9-3
10-6	10-5	10-4
11-6	11-5	11-4

영아 ☐ 영이 있는 읍치는 표시 안함	읍치 ◯무성 ◎유성	성지 🏔산성 ⌂관성	진보 ☐무성 ▣유성	창고 ■무성 ▣유성	목소 囲 牧 場屬
고현 ●◉유성 ◎구읍지 유성	고진보 ▲ ⬥유성	역참 ①	방리 ◯	능침 ◯원내 능호	봉수 ▲	고산성 ⛰	도로 10리 2 3 4

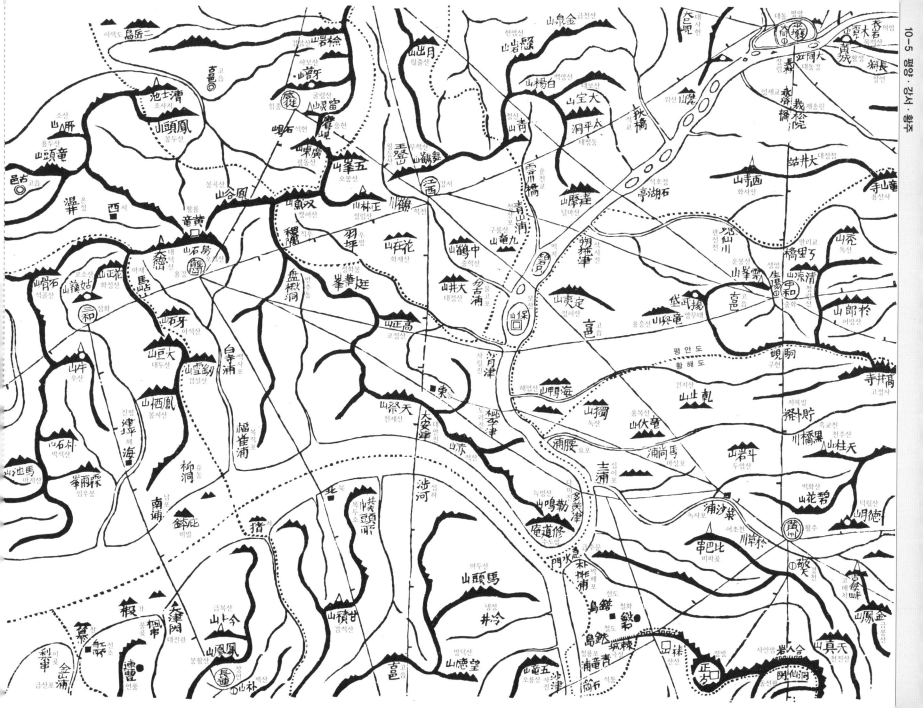

10-6 **광량** 廣梁

대동강 하구인 광량만 지역이다. 우측 가운데의 증복산~자정산~증악산~광량진은 청남정맥이다. 광량진 동쪽은 광량만이고, 그 안쪽 하구에 1986년 건설한 서해갑문이 있다.

		9-4
	10-6	10-5
	11-6	11-5

영아	□ 영이 있는 읍치는 표시 안함	읍치	○무성 ⬭유성	성지	⛰산성 ⬬관성	진보	□무성 ◪유성	창고	■무성 ⬛유성	목소	🔲 牧 場屬
고현	● ◉유성 ◎구읍지 유성	고진보	▲ ⬗유성	역참	①	방리 ○	능침 ○원내 능호	봉수 ▲	고산성 ⛰	도로 10리 2 3 4

鴨瀋
남조암

里石白
백석리

山頓甑
증봉산

藍
남

麻牙
마아

大吹螺
대취라

頭堂大
대당두

山堂金
금당산

小吹螺
소취라

山正慈
자정산

愁
수

島德
덕도

山岳甑
증악산

西
서

新寧江
신녕강

帝岩
제암

松大
대송

口梁廣
광량

松小
소송

石結
결석

島虎
호도

島椵
가도

珠連大
대련주

珠連小
소련주

평 안 도
황 해 도

熊
웅

梁青
청랑

11-1 고성高城

좌측 하단의 회전령~탄령~삽운령으로 이어지는 굵은 산줄기는 금강산에서 뻗어 내려온 백두대간이다. 지도의 고성은 현재 북한의 고성군 지역이다.

10-2	10-1	
11-2	11-1	
12-2	12-1	

영아	성지		진보	창고		목소
영이 있는 읍치는 표시 안함	🗻산성 관성		□무성 ▣유성	■무성 ▣유성		牧 場屬
읍치 ○무성 ◉유성						

고현	고진보	역참	방리	능침	봉수	고산성	도로
● ◉유성 ◎구읍지 유성	▲ ▲유성	①	○	○원내 능호	▲	▲	10리 2 3 4

11-2 금강산 金剛山 금성 金城

우측의 백두대간에 금강산이 솟아 있는데, 석화성 같은 기암괴석들로 이루어진 1만 2천 봉을 모두 표현하려는 듯 매우 화려하다. 좌측의 북에서 남으로 흐르는 맥판강은 북한강 최상류다.

10-3	10-2	10-1
11-3	11-2	11-1
12-3	12-2	12-1

영아	□ 영이 있는 읍치는 표시 안함	읍치	○무성 ◎유성	성지	🏔산성 ⛰관성	진보	□무성 ▨유성	창고	■무성 ■유성	목소	🏘 牧 場 屬
고현	●◉유성 ◎구읍지 유성	고진보	▲ ⬣유성	역참	①	방리	○	능침	○원내 능호	봉수	▲	고산성	⛰	도로	10리 2 3 4

北城 성북 남곡 谷嶺 남곡천
川谷嶺
寒沙坪里 한사리평
飛柳里 비류리
山岳白 백악산
酒岺 주령
邑新 신읍
庵道明 명도암
里也陽 양아리
窟岳陽 국와동
屏風山 병풍산
波溪山 파계산
新安 신안
輪猪里 저륜리 진운
上方岺 상방령
長佐洞 장좌동동
金剛山 금강산
灊岺 온정령
支石里 지석리
古方里 고방리
長比川 장북천
愉岾寺 유점사
松坏川 송평천
白亦山 백야산
吾山里 오산리
灰峴 회현
四陳 사동
刀月山
良水里 양수리
能林 웅림
末暉岺 마일회현령 희령
泥橋里 어교리
洞潛 만폭동
安長里 장안동
枍亭村 추정촌
新淸川 신청천
車踰山 차유산
岐城 기성 城
昌道 창도
良水山 양수산
通溝 통구
斷髮岺 단발령
長楊 장양
楊長 장양
枅樹洞 천동
炭黔峴 탄검치
多慶津 다경진
굴파치
水串山 수관산
馬也之山 마야지산
龍飛山 비룡산
大東坡岺 대동파령
東坡岺 소동파령
松巨里 송거리
沙川 사천
三億洞 삼억동
槐岺 해령
慶坡山 경파산
金城 금성
炭黔峴
松亭里 송원리리
順甘里 순감리
廬巨山 팔려산
束沙洞 속사동
南山 남신 진목
柯峴 이현
中峴 중현
赤山 적산
雲峰山 운봉산
東金化 동
南江津 남강진
靑松里 청수리
杻思山 여사산
岾所 문현
水治里 수치리
丹岩 단암
瑞雲 서운
作洞 작작동산
錢浦 전포
大彌山 대미산
岾所
館 문현
鷹峰山 응봉봉
岾梨 이령 갓꽃
串岾 겻꽃령
岾所注 주조령
水串山 수관산
葛山 갈산
登文峴 문등현 해산현
亥安 해안
伊布川

11-3 이천伊川 평강平康 철원鐵原

우측 상단으로는 백두대간 산줄기가 내려와 분수령을 지나 동북쪽으로 빠져나간다. 분수령 동쪽에서 분기해
쌍령~장현~오신산으로 뻗은 산줄기는 한북정맥이다. 좌측의 이천 · 안협을 지나는 하천은 임진강이다.

10-4	10-3	10-2
11-4	11-3	11-2
12-4	12-3	12-2

영아	□ 영이 있는 읍치는 표시 안함	읍치	○ 무성 ◎ 유성	성지	산성 관성	진보	□ 무성 ▣ 유성	창고	■ 무성 ▪ 유성	목소	牧 場屬
고현	● ◉ 유성 ◎ 구읍지 유성	고진보	▲ ▲ 유성	역참	①	방리 ○	능침 ○ 원내 능호	봉수 ▲	고산성 ▲	도로 10리 2 3 4

豆里山
두리산

綠水山
녹수산

德津川
덕진천

長林津
장림진

楡津
유진

高福
고삽

分水嶺
불수령

檜弥山
회미산

高城津
고성진진

靑竜山
청용산

社
사

朱氷山
주빙산

白氷山
백빙산

伊川
이천

箕山
기산

竹林山
죽림산

生郎迁
이목랑천

張岩山
송관리

松官里
송관리

乾川
건천

東城
동성

恨木郎迁
한목랑천

利木亭
이목정

子拍山
자백산

利木亭

所雲峙
소이산

星達
석차진

前
전

玉谷山
옥곡천

分枝嶺
분지령

赤岩川
적암천

凡朴山
백박산

望獐
장망산

軍喻峙
군유치

月雲川
월운천

達摩山
달마산

橋谷山
교곡산

万雲山
만운산

玉洞
옥동

栗枝山
율지산

長金山
장금산

節川
전천

表峴
표수현

三角山
장각산

松台山
오송대산

定山川
정산천

虎岩山
호암산

林丹
임단

獐峴
장현

眞峴
직치현

輪達峰
유달령

八峯山
팔봉산

應末山
말응산

高岩山
고암산

平康
평강

松峴
송현

物弥山
미륵산

鐵岩浦
서구리탄

万景山
만경산

白岩雲
백운산

靑水山
청수산

載松坪
재송평

吐水
토수

下水山
수하산

堰城
안협

安峽
안협

景連山
연경산

北
북

高岩山
백악산

箱峴
상현

重峯山
중봉산

赤賓院
정자연

申五山
오신산

猫兒難
서구리탄

艸腹峴
효성산

舊木
구목

豊川院
풍천원

月井
일내정

雲院山
운림산

村十溪
오신산

局長山
국장산

崎峰
증정

曉星山
효성산

竜馬湖
마룡연

北岩川
북암천

艾峴
애현

亭空涮
말갈치

東大川
동대천

東站
동제

楊峴
장현

仁目山
인목산

菁坪
정자연

金坪
대아현

可吾峴
아오현

花山
화산

席峴
석현

朋耳山
붕이산

盆山
용담

伊童山
용담

西
서

蘇兒山
소이산

金化
김화

生昌
생창

11-4 신계 新溪 서흥 瑞興 평산 平山

우측의 기달산~화개산~학봉산~석현을 잇는 산줄기는 임진북예성남정맥, 좌측의 웅파산~황룡산~멸악산
~운봉산을 잇는 산줄기는 해서정맥이다. 두 산줄기 사이의 신계와 평산을 지나는 하천은 예성강이다.

10-5	10-4	10-3
11-5	11-4	11-3
12-5	12-4	12-3

영아 ☐ 영이 있는 읍치는 표시 안함	읍치 ◯무성 ◉유성	성지 🏯산성 �관성	진보 ☐무성 ▣유성	창고 ■무성 ■유성	목소 ⊞ 牧 場屬
고현 ●◉유성 ◎구읍지 유성	고진보 ▲ ⬤유성	역참 ①	방리 ◯	능침 ◯원내 능호	봉수 ▲	고산성 ⛰	도로 10리 2 3 4

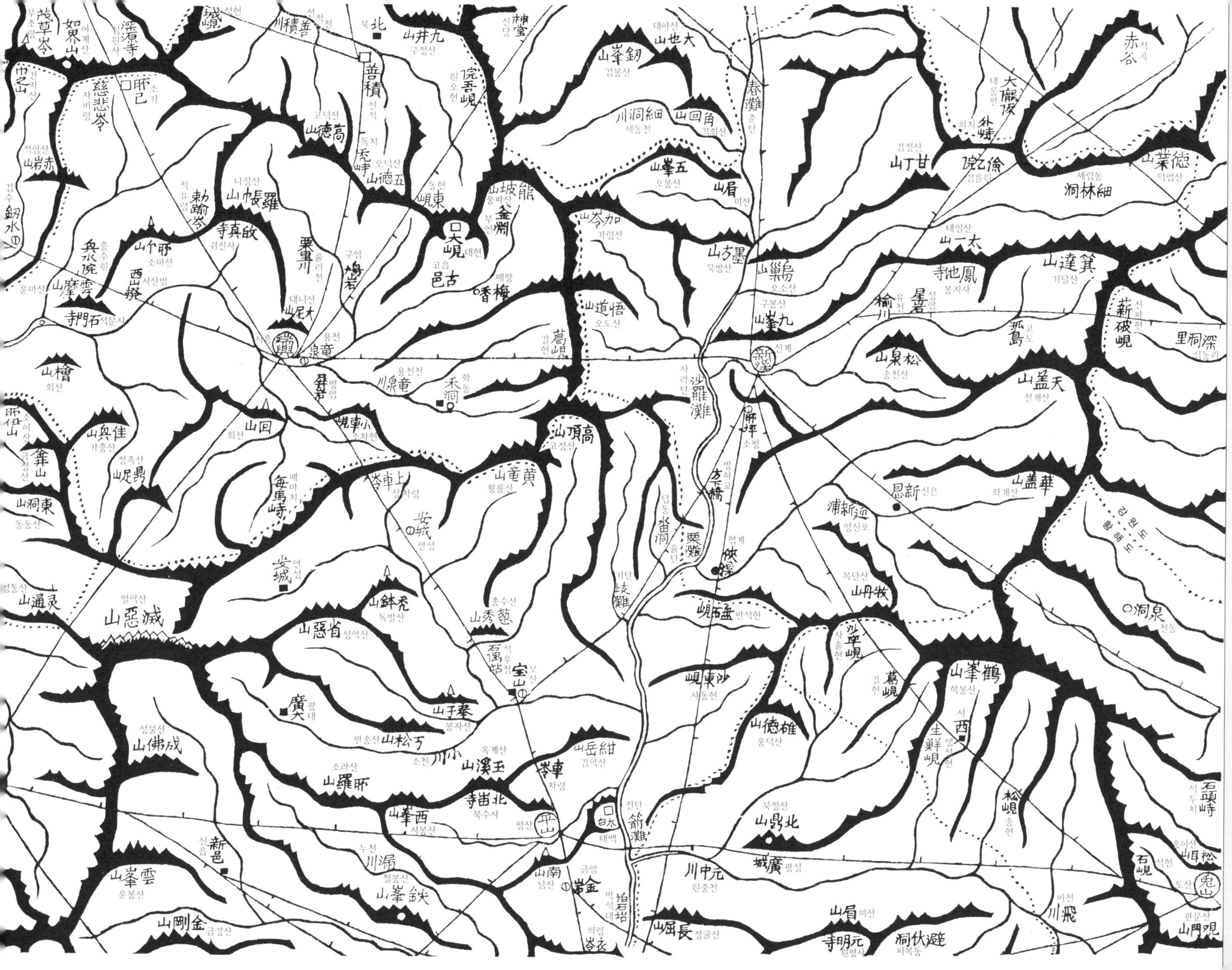

석현
선적천
북
신당
대야산
적곡
여계산
심원사
구정산
검봉산
대동판
소기
원오현
자비령
고덕산
선적
세동천
각회산
춘탄
외치
감정산
덕업산
세림동
적암산
독치
오덕산
오봉산
나장산
동현
미산
검을원
검수
칙유령
웅파산
가령산
태일산
흥수원
귀진산
소마산
구암
율리천
부연
대현
묵방산
오소산
운마산
서산발
고읍
매향
봉지사
가달산
구봉산
성암
유천
신파현
대니산
석문산
서흥
용천
갈현
오도산
신계
고도
심동리
회산
사라탄
용천천
화동
병암
송천산
천개산
소이산
가흥산
소차현
고정산
소평
청족산
매마치
방교
상차령
황룡산
신은
화개산
동동산
답동
율탄
영신포
협계
안성
강원도
황해도
목단산
멸악산
총수산
기탄
반석현
천동
성악산
독발산
석우참
사솔현
보산
사동현
학봉산
광대
서
봉자산
웅덕산
생선현
성불산
만송산
옥계산
소천
감악산
소라산
차령
전탄
북정산
석두치
북수사
서봉산
평산
태백
송현
송이산
신읍
누천
금암
광성
원중천
철봉산
남산
박석대
토산
운봉산
비천
관문산
금강산
의령
장굴산
원명사
피복동

11-5 봉산鳳山 안악安岳 재령載寧

대동강 지류인 월당강(지금의 재령강) 하류에는 재령평야가 널찍하다. 그 서쪽은 황해도 명산인 구월산이 석화성으로 표현되어 있다. 동쪽의 봉산은 봉산탈춤으로 잘 알려진 고을이다.

10-6	10-5	10-4
11-6	11-5	11-4
12-6	12-5	12-4

영아	□ 영이 있는 읍치는 표시 안함	읍치	◯ 무성 ⬤ 유성	성지	🏔 산성 〰️ 관성	진보	□ 무성 ▣ 유성	창고	■ 무성 ▣ 유성	목소	圀 牧 場屬
고현	● 유성 ◎ 구읍지 유성	고진보	▲ ⬣ 유성	역참	①	방리	◯	능침	◯ 원내 능호	봉수	▲	고산성	⛰	도로	10리 2 3 4

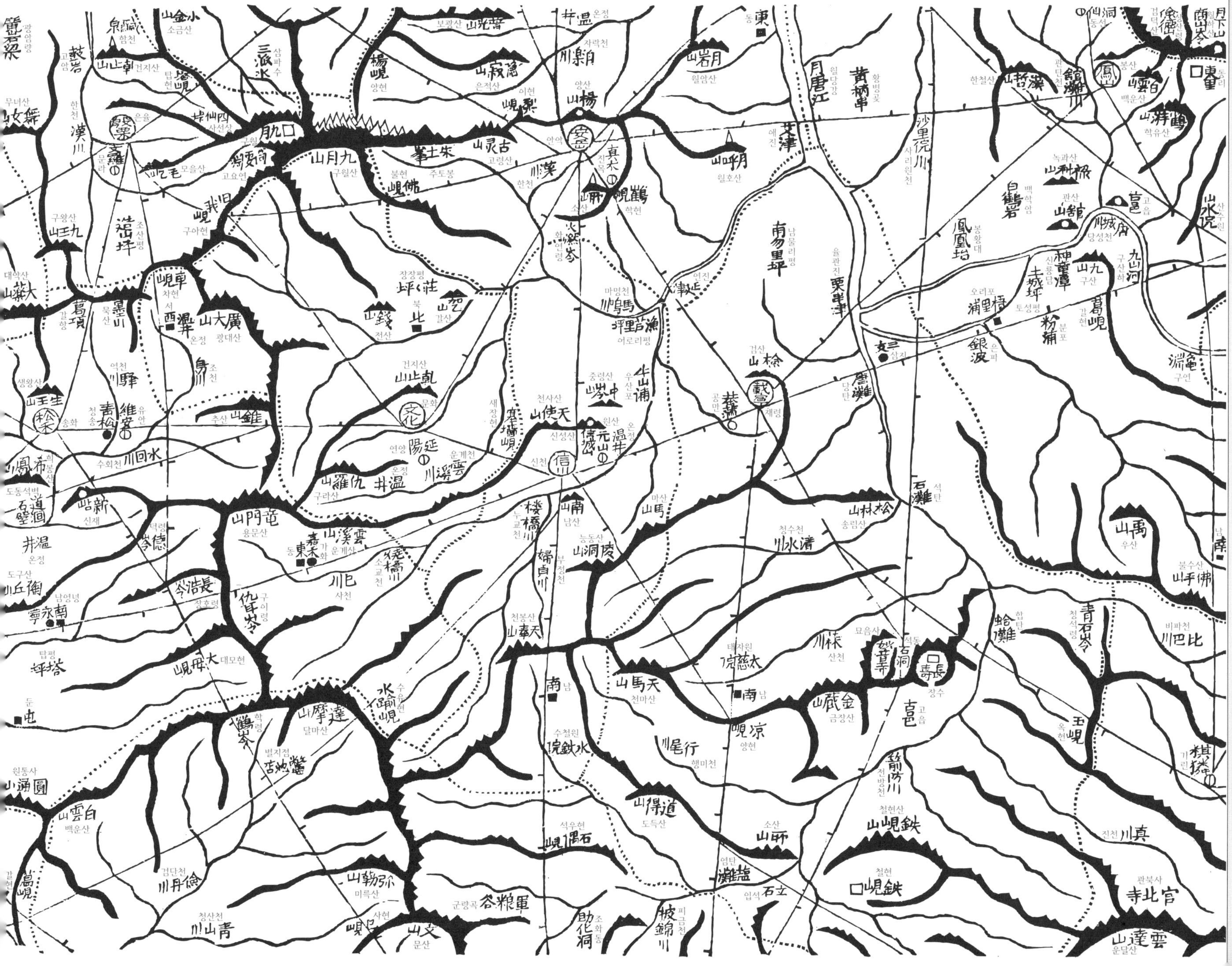

광암량
소금산
함천
삼파수
보광산
온정
동
고암
건지산
탑현
은적산
자락천
월암산
월당강
황병곶
한철산
봉산
동리
검덕산
무녀산
한천
은율
사선산
이현
양산
안악
애진
사리원천
백운산
학유산
구월
구월산
고령산
주토봉
불현
모을산
고요연
한천
진목
월호산
녹과산
백학암
관산
고읍
산수원
구왕산
조산평
구아현
소산
학현
화연령
남물리평
율판진
봉황대
당성천
창장평
연진
마명천
신룡담
구산
오리포
토성평
대악산
차현
묵산
갈항
서
온정
광대산
북
갈산
전산
어로리평
분포
검산
삼지
은파
갈현
구연
생왕산
역천
조천
건지산
중령산
우산포
공만
당탄
문화
청송
송화
유안
추산
새장현
천사산
신성산
원산
재령
온천
수회천
연양
운계천
신천
구라산
석탄
송림산
도동석벽
신재
용문산
남산
능교천
마산
우산
온정
가화
운계산
능동산
청수천
남
도구산
장호령
소교천
사천
부정천
봉수산
남영령
구이령
청석령
비파천
탑평
대모현
천봉산
묘음산
태자원
석동
장수
천마산
금장산
고읍
학령
달마산
수유현
양현
별지점
수철원
행미천
옥현
원통사
천방천
철현산
백운산
석우현
도득산
진천
소산
검단천
미륵산
철현
관북사
염탄
군량곡
입석
조화동
피금천
사현
청산천
문산
운달산

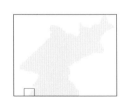

11-6 풍천豊川 장연長淵

우측 하단의 해서정맥이 불타산을 지나 서쪽의 장산곶으로 뻗어 간다. 장산곶 앞바다는 심청이 뛰어든 인당수다. 해안에는 국방을 위한 진보와 봉수가 많고, 세곡을 보관하던 창고들도 많다.

	10-6	10-5
	11-6	11-5
	12-6	12-5

영아 ☐ 영이 있는 읍치는 표시 안함	읍치 ○무성 ◎유성	성지 산성 관성	진보 ☐무성 ◩유성	창고 ■무성 ▣유성	목소 囝 牧 場屬
고현 ●◉유성 ◎구읍지 유성	고진보 ▲ ⬟유성	역참 ①	방리 ○	능침 ○원내 능호	봉수 ▲	고산성 ⛰	도로 10리 2 3 4

串林貴 귀림곶
串巴比 비파곶
山巴比 비파산
浦沙許 허사포
島席 석도
乳浦 유포
山雲城 운성산
山岑長 장령산
谷大 대령
浦所朽 후근포
蝶 접
山白小 소백산
峴唐 당현
要嶺 소요령
山嶪小 소아산
浦妓女 여기포
山雲春 춘운산
牧
島椒 초도
峯檛瑞 서림봉
江清葉 풍천강
豊川
山凉淸 청량산
浦古 고리포
浦方沈 침방포
松浦 송포
南川 남천
山石廣 광석산
山長楓 풍장산
寺邑业 안읍사
川通 통천
浦館唐 당관포
屯 둔
串汇 올곶
浦令東 동령포
山白頭 두백산
峴石朴 박석현
山朴小 소백산
山石朴 박석산
浦岩快 쾌암포
山林槐 괴림산
嘉松 송동
寺栖鶴 학서사
杜 두건산
汪濟屯 왕제둔
海安 새안
山鵑杜 두견산
黃堵 황학대
山楽 낙산
山崖懸 현애산
峯池蓮 금사사
河郎浦 아랑포
北 북
竜非 용정
新行
長 장연
川鋤 서천
寺沙金 백사
峯仙昇 승선봉
山羅弥 미라산
峯盧毘 비로봉
蟹灘 해탄
川大南 남대천
川三 삼천
山習道 도습산
金蔓 몽금
助泥浦 조니포
峴城倭 왜성현
山陁佛 불타산
院甘牧 목감원
金洞 금동
孤 고산
寺海臨 임해사
千佛寺 천불사
山楽極 극락산
嶺泉 고영현
峴曷 갈현
串山長 장산곶
山石青 청산산
山盖五 오방산
邑 고읍

12-1 간성 杆城 양양 襄陽

남북으로 뻗은 굵은 산줄기는 백두대간이다. 금강산에 버금가는 아름다움을 지닌 설악산에는 고산성과 폭포들이 표현되어 있다.

11-2	11-1	
12-2	12-1	
13-3	13-2	13-1

영아 ▢ 영이 있는 읍치는 표시 안함	읍치 ○무성 ◉유성	성지 🗻산성 〰️관성	진보 ▢무성 ▣유성	창고 ■무성 ▣유성	목소 🅴 牧 場屬
고현 ● ◉유성 ◎구읍지 유성	고진보 ▲ ◮유성	역참 ①	방리 ○	능침 ○원내 능호	봉수 🔺	고산성 🔺	도로 10리 2 3 4

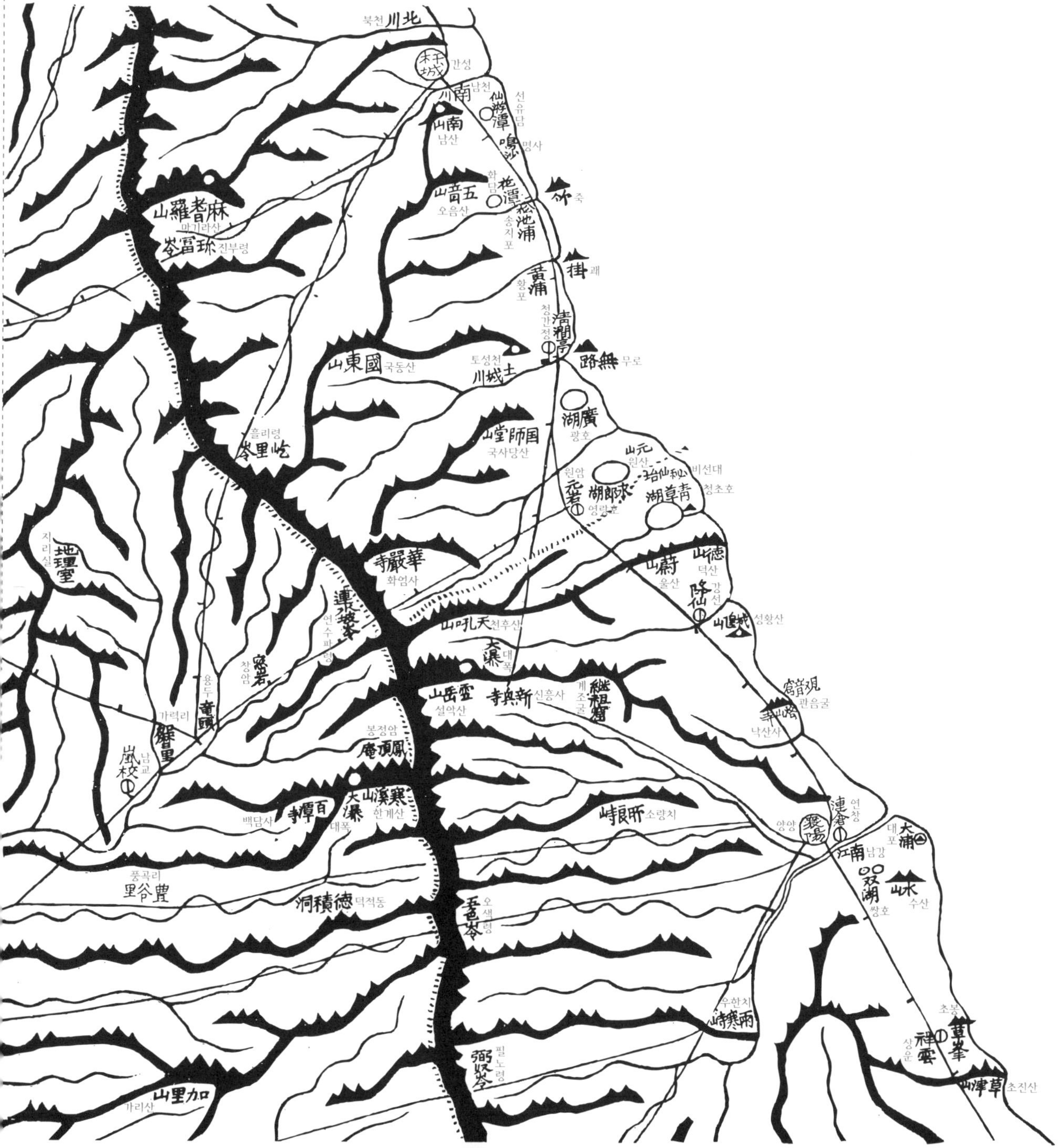

12-2 양구 楊口 인제 麟蹄 춘천 春川

회양·금성을 지나온 북한강이 낭천(지금의 화천)을 지나고 춘천에서 소양강을 받아들인다. 좌측 상단의 불정산~대성산은 한북정맥 산줄기다.

11-3	11-2	11-1
12-3	12-2	12-1
13-4	13-3	13-2

영아 ☐ 영이 있는 읍치는 표시 안함	읍치 ○무성 ◉유성	성지 ⛰️산성 ⛰️관성	진보 ☐무성 ◼유성	창고 ◼무성 ◼유성	목소 ⊞ 牧 場屬
고현 ● ◉유성 ◎ 구읍지 유성	고진보 ▲ ⏣유성	역참 ① 방리 ○	능침 ○원내 능호	봉수 ▲ 고산성 ⛰️	도로 10리—2—3—4

佛頂山 불정산
水洞里
亥安川 해안천
佛頂峰 불정치
山陽里 산양리
馬峴 마현
馬灘台 대탄대
頭德川 두덕천
兜率山 도솔산
施頭 두타산
도솔산
方山 방동산
沙太洞 사태동
大成山 대성산
虎威山 호위산
汗峴 한현
龍華山 대룡산
西湖浦 서호포
北 북
戎 용천리
竜川里 용천리
北 북
川西上 상서천
弥勒峴 미륵령
直洞川 직동천
北坪 북평
생산리
巳頭浦 사두포
軍根洞 군랑동
軍根洞 군근동
雞山岑 계산령
狼首山 낭수산
牧山 생산리
松山 나송산
四明山 사명산
舍春 양구
飛鳳 비봉사
龍岩山 용대산
啓星山 계성산
龍神山 용신산
大利津 대리진
觀佛峴 판불현
楓川 풍천
西明山 사명산
飛鳳 양구
狼州 낭천
江南 남강
史谷川 사탄천
原州川 원천
尺首 간척천
瑞和 서화
瑞和川 서화천
外 외
龍華山 용화산
馬矢山 마시산
時洛峴 시락현
都里里峴 도리곶현
箭峴 광치
坮岩山 대암산
內面 내면
馬峴 마현
蘭山 난산
風仁 인암
秋晴山 추정산
清平山 청평산
富洞 부자사
內坪 내명
逐仁 수인리
鍾迁 초사리탄
山岩坮 대암산
豆毛峴 두모현
芝岩岩里 지가암리
舍人岩 사인암
文殊寺 문수사
加鲁洞 가락동
大同岑 대동령
蔂皐嵎 초사리탄
西上川 서상천
山作麻 마작산
浮沈峴 부침현
杜北 북사
牛鳴山 우명산
水山 수산
沙羅峴 사라현
松峙 송치
竜林 용림
冨通里 부통리
元通里 원통리
牛頭坪 우두평
孤山 고산
宋義山 송의산
水里 수산리
九迁 구장령
山竜伙 용화
合江津 합강진
弥勒川 미륵천
多崖岑 물애령
母津 모진
昭陽 소양강순천
保安 보안
枝內山 기내산
義宋山 송의산
中田山 중진산
風凰坮 봉황대
加鹿津 가노진
洪赤岑 홍적현
新潤江 신연강
春 춘천
榆谷 유곡
任紅 선천
德道院 덕도원
石破岑 석파령
香炉山 향로산
大竜山 대룡산
鳳凰坮 봉황대

12-3 연천 漣川 영평 永平 포천 抱川

연천을 지나온 임진강, 철원을 지나온 한탄강이 마전 근처에서 합류해 파주를 향해 흐른다. 우측의 백운산~
망국산~운악을 세우며 서남쪽으로 뻗는 산줄기는 한북정맥이다.

11-4	11-3	11-2
12-4	12-3	12-2
13-5	13-4	13-3

영아	▭ 영이 있는 읍치는 표시 안함	읍치 ○무성 ◉유성	성지 ⛰산성 ◢◣관성	진보 □무성 ◩유성	창고 ■무성 ◼유성	목소 圖 牧 場屬
고현 ●◉유성 ◎구읍지 유성	고진보 ▲ ◮유성	역참 ①	방리 ○	능침 ○원내 능호	봉수 ▲	고산성 ◭	도로 10리 2 3 4

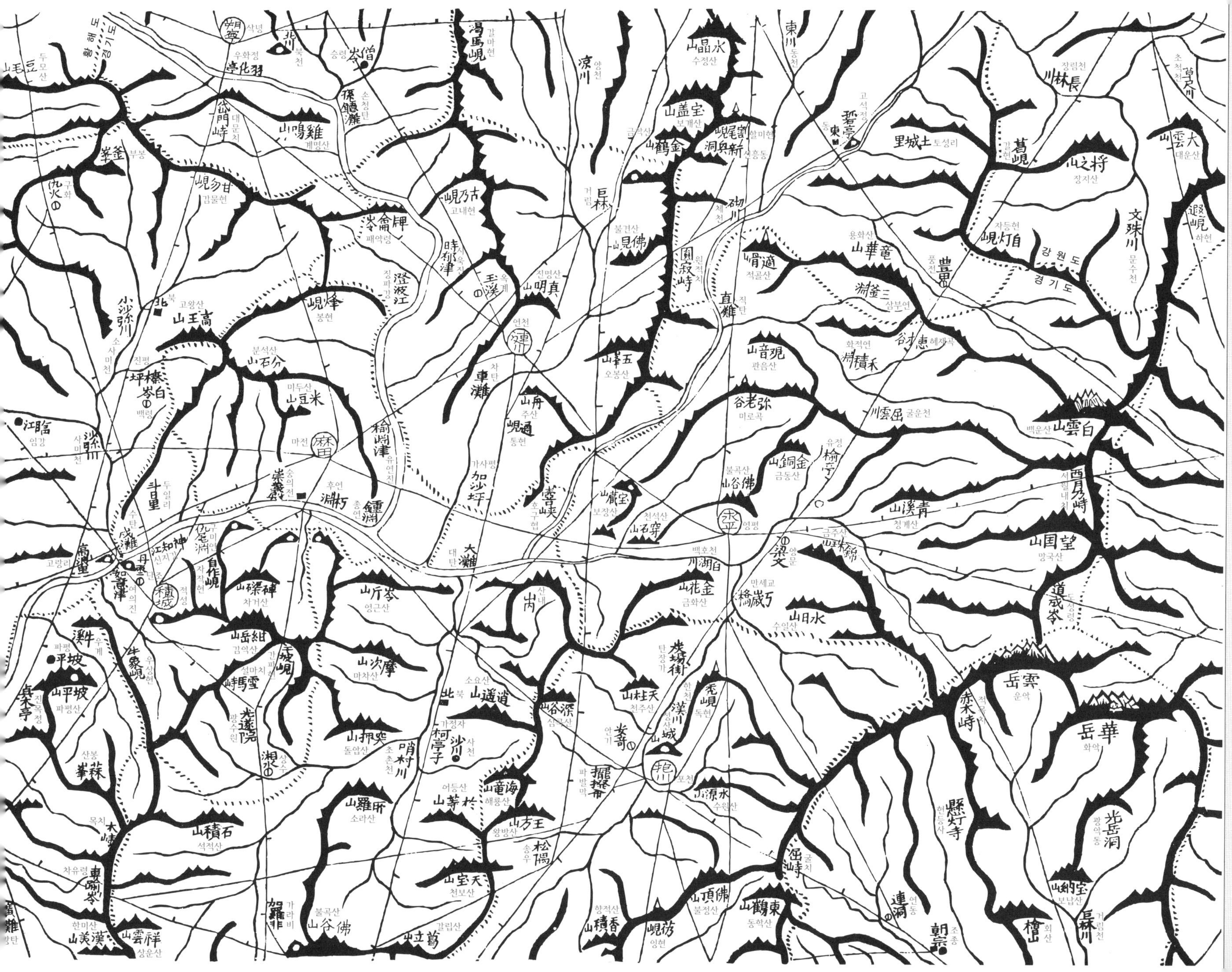

황해도
경기도
두모산
사녕
우화정
북천
승령
갈마현
양천
수정산
동천
장림천
초척천
대문치
손청탄
계명산
부봉
보개산
금학산
살미현
신흥동
고석정
토성리
갈현
장지산
대운산
구화
감물현
고내현
거림
불견산
채천
원적치
적골산
용화산
풍천
자등현
강원도
경기도
문수천
하현
패약령
징파강
옥계
진명산
직탄
삼분연
고왕산
봉현
소사미천
연천
관음산
화적연
혜재곡
분석산
차탄
진평
오봉산
미두산
백령
주산
통현
미로곡
굴운천
백운산
마전
유연진
임강
사미천
가사평
유정
금동산
불곡산
숭의전
후연
두일리
종연
청계산
보장산
호구협
척석산
영평
금주산
수탄
구미연
신지강
고랑리
대탄
백호천
양문
망국산
작작현
적성
차거산
영근산
산내
금화산
만세교
도성령
여의진
우계
감악산
수일산
파평
탄장가
마차산
운악
설마치
간파현
소요산
북
천주산
독현
적목치
진목정
파평산
심곡산
안기
화악
가정자
사천
광수원
돌압산
초촌천
상수
산봉
포천
파발막
수원산
여등산
해룡산
현등사
광악동
소라산
왕방산
목치
석적산
송우
굴치
차유령
천보산
향적산
불정산
동학산
연동
보납산
거림천
가라비
불곡산
한미산
갈립산
영현
회산
조종
상운산

12-4 개성 開城 장단 長湍 배천 白川

우측으로는 임진북예성남정맥이 수룡산~천마산을 거쳐 개성을 향해 힘차게 뻗어 간다. 중앙의 남류하는 하천은 예성강이고, 우측 하단은 임진강이 서남류하며 파주를 지나 한강으로 합류한다.

11-5	11-4	11-3
12-5	12-4	12-3
13-6	13-5	13-4

영아 ☐ 영이 있는 읍치는 표시 안함	읍치 ○무성 ◎유성	성지 🏔산성 관성	진보 ☐무성 ▣유성	창고 ■무성 ■유성	목소 圏 牧 場屬
고현 ●●◉유성 ◎구읍지 유성	고진보 ▲ ⬟유성	역참 ①	방리 ○	능침 ○원내 능호	봉수 ▲ 고산성 ▲ 도로 10리 2 3 4

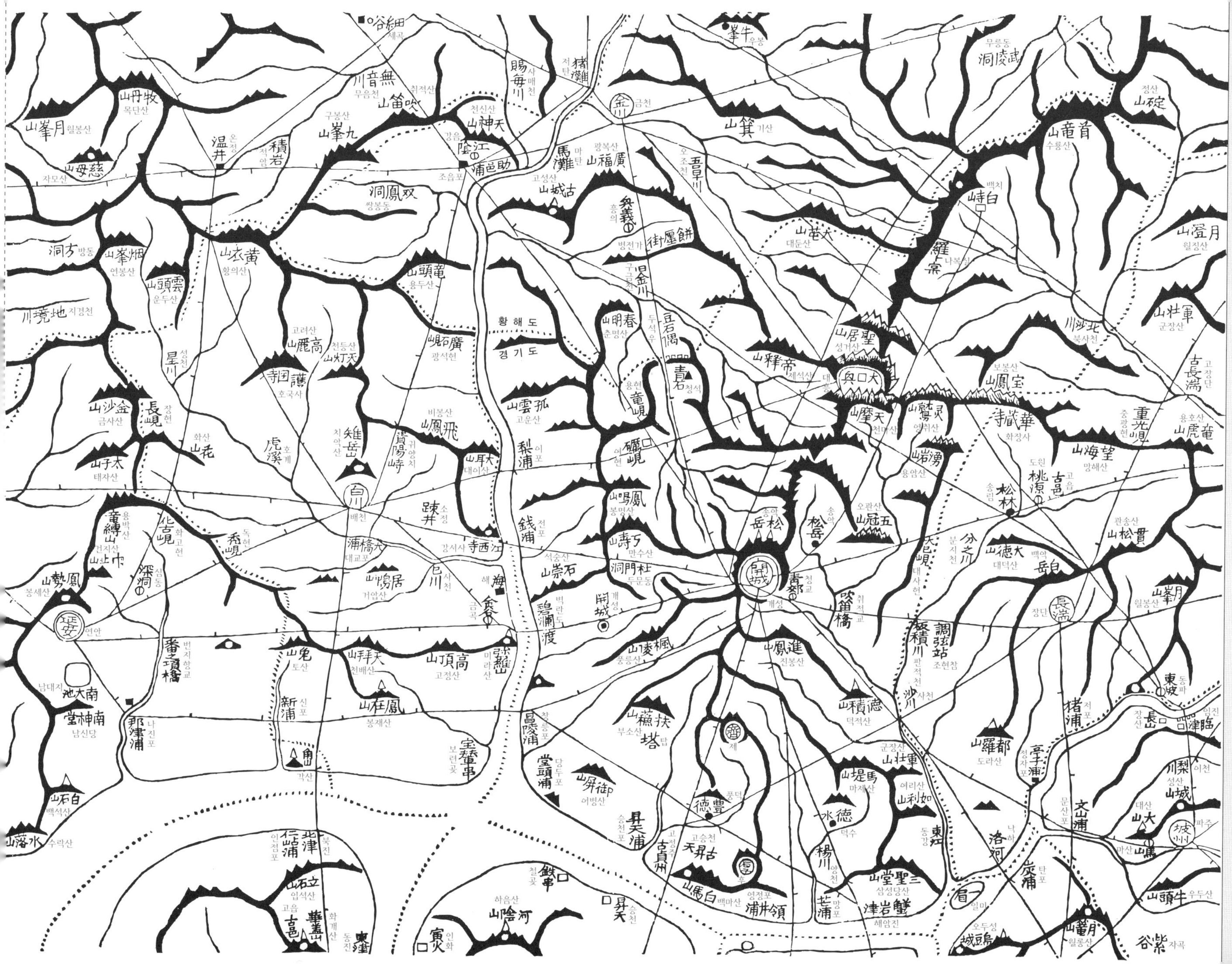
세곡
우봉
무릉동
사매천
저탄
무음천
취적산
금천
정산
목단산
구봉산
천신산
기산
월봉산
온정
적암
강음
광복산
마탄
오조천
수룡산
자모산
조읍포
고성산
백치
쌍봉동
흥의
방동
연봉산
황의산
병전가
대둔산
나복산
월징산
용두산
구금천
운두산
지경천
황해도
경기도
춘명산
두석우
북사천
군장산
고려산
광석현
천등산
성천
성거산
호국사
제석산
청석
보봉산
고장단
장현
용현
금사산
비봉산
고운산
천마산
영취산
중광현
용호산
화산
치악산
귀양치
이포
화장사
여현
망해산
호계
대이산
용암산
태자산
도원
고읍
송림
봉명산
오관산
송악
배천
소정
관송산
용박산
화고현
독현
전포
분지천
백악
대덕산
만수산
건지산
강서사
대교포
석숭산
심동
사천
두문동
대사현
청교
봉세산
거압산
개성
취적교
금곡
벽란도
장단
연안
번지성교
미라산
풍릉산
조현참
토산
천배산
고정산
진봉산
판적천
동파
남대지
신포
덕적산
저포
임진
봉재산
창릉포
부소산
탑
장산
남신당
나진포
보련곶
당두포
도라산
이천
마제산
정자포
성산
각산
여리산
어병산
풍덕
문산포
대산
백석산
덕수
낙하
파주
인점포
북진
고승천
승천포
고정주
동강
수락산
마산
입석산
철곶
양천
탄포
하음산
영정포
백마산
망포
삼성당산
승천
화개산
해암진
우두산
인화
오두성
동진
월롱산
자곡

12-5 해주 海州 강령 康翎 옹진 甕津

우측 상단의 취라산~미록산~불족산으로 이어지는 산줄기는 해서정맥이다. 해주 남쪽으로는 해주만이 펼쳐져 있고, 해주만 서쪽에는 강령반도가 서해를 향해 돌출해 있다.

11-6	11-5	11-4
12-6	12-5	12-4
	13-6	13-5

영아 □ 영이 있는 읍치는 표시 안함	읍치 ○무성 ◉유성	성지 🏯산성 관성	진보 □무성 ■유성	창고 ■무성 ■유성	목소 🅟 牧 場屬
고현 ●◉유성 ◎구읍지 유성	고진보 ▲ ▲유성	역참 ①	방리 ○	능침 ○원내 능호	봉수 ▲	고산성 ▲	도로 10리 2 3 4

152

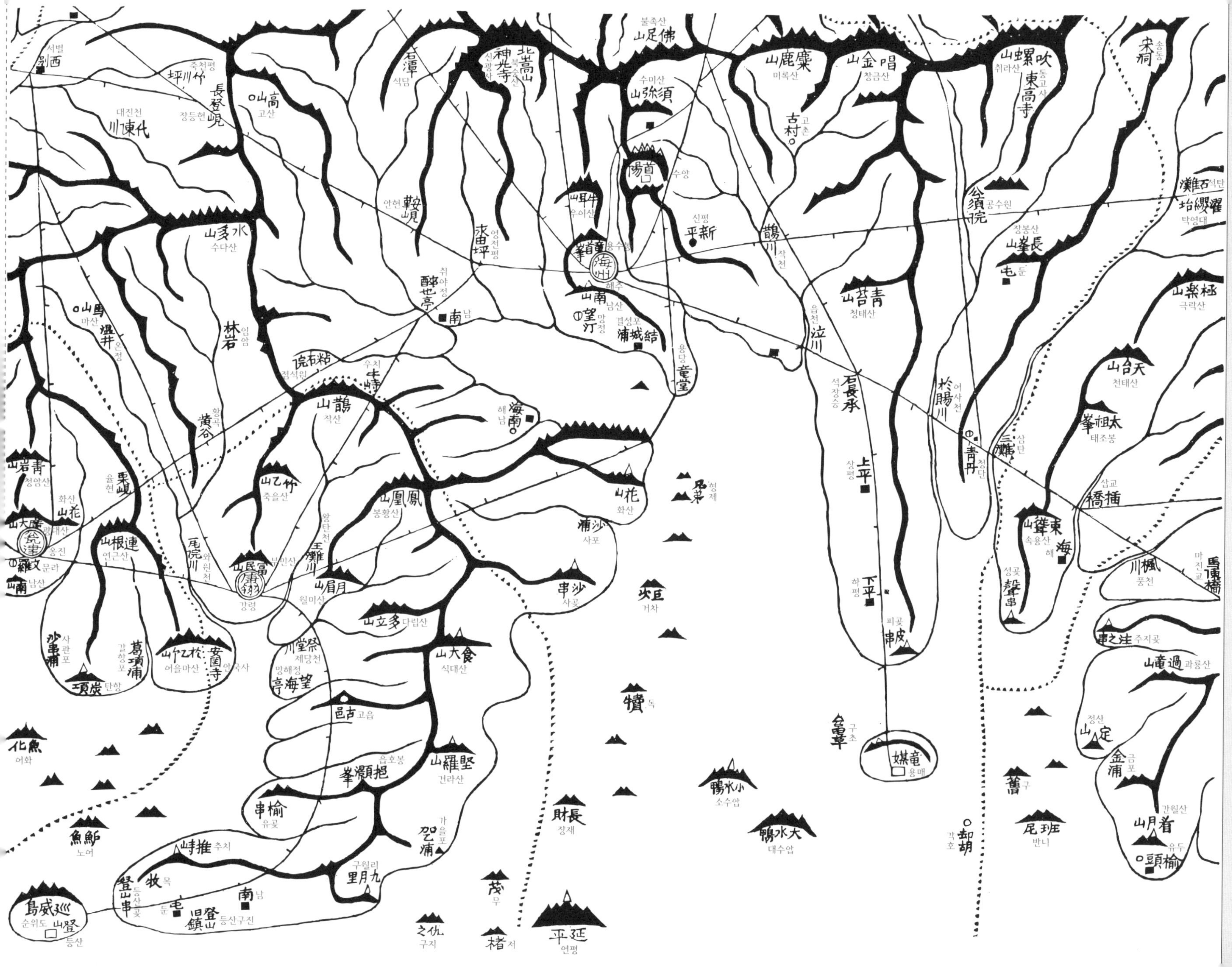
서별
죽천평
대진천
장등현
고산
수다산
마산
온정
임암
황곡
청암산
율현
화산
광대산
옹진
문라
남산
연근산
와원천
부민산
강령
사관포
갈항포
탄항
어을마산
안국사
석담
신광사
안현
영전평
취야정
남
우치
점석원
작산
해남
죽을산
봉황산
왕탄천
월미산
다립산
제당천
망해정
식대산
고읍
읍호봉
견라산
유곶
추치
목
구월리
가을포
둔
남
등산곶
등산구진
순위도
등산
어화
노어
불족산
수미산
수양
우이산
신평
용수봉
해주
남산
망정
결성포
용당
미록산
창금산
고촌
작천
청태산
읍천
석장승
상평
하평
피곶
구초
용매
형제
화산
사포
사곶
거차
독
소수압
대수압
장재
무
연평
구지
저
취라산
동고사
송동
공수원
석탄
탁영대
창봉산
둔
극락산
천태산
어사천
태조봉
삼탄
청단
삽교
속용산
해
마진교
풍천
성곶
주지곶
과용산
정산
금포
구
반니
각호
간월산
유두

12-6 백령白翎 행영行營

상단은 용연반도의 남부 지역, 우측 가운데는 옹진반도의 서부 지역이다. 용연반도와 옹진반도 사이에 있는
만은 대동만이다. 좌측 상단의 큰 섬은 백령도다. 옹진반도와 백령도 사이에 대청도와 소청도가 떠 있다.

	11-6	11-5
	12-6	12-5
		13-6

영아	☐ 영이 있는 읍치는 표시 안함	읍치 ◯ 무성 ◎ 유성	성지 🛡 산성 ⛰ 관성	진보 ☐ 무성 ⊡ 유성	창고 ◼ 무성 ▣ 유성	목소 田 牧 場屬
고현 ● ◉ 유성 ◎ 구읍지 유성		고진보 ▲ ⬥ 유성	역참 ①	방리 ◯	능침 ◯ 원내 능호	봉수 ▲ 고산성 ⬥ 도로 10리 2 3 4

13-1 우계 羽溪

영동 지방의 큰 고을 강릉 앞바다다. 가장 북쪽의 백사정은 경포해변이고, 견조도 안쪽은 안목해변, 안인포는 안인진이다. 그 남쪽의 정동진, 옥계, 망상해변 등은 표기되지 않았다.

12-1		
13-2	13-1	
14-3	14-2	14-1

영아	☐ 영이 있는 읍치는 표시 안함	읍치	◯무성 ◎유성	성지	⛰산성 ⛰관성	진보	☐무성 ▨유성	창고	■무성 ■유성	목소	🐴 牧 場屬
고현	●◉유성 ◎구읍지 유성	고진보	▲ ◬유성	역참	①	방리	◯	능침	◯원내 능호	봉수	▲	고산성	◭	도로	10리 2 3 4

백사정

죽

강문교

월정산

견조

대창

한송사

해령산

안인포

안인

가자곡

허이대

오근산

화비령

우계

낙풍

어달산

13-2 강릉 江陵 평창 平昌

상단 가운데에서 동남으로 뻗어 내리는 굵은 산줄기는 백두대간이다. 조선시대에는 대관령 동서쪽 대부분이 강릉 소속이었으나, 요즘은 대관령 서쪽의 횡계 · 봉평 · 오대산 일대는 평창 땅이다.

12-2	12-1	
13-3	13-2	13-1
14-4	14-3	14-2

영아 ▣ 영이 있는 읍치는 표시 안함	읍치 ○무성 ◎유성	성지 ⛰산성 관성	진보 □무성 ▣유성	창고 ■무성 ■유성	목소 ⊞ 牧 場屬
고현 ●◉유성 ◎구읍지 유성	고진보 ▲ ⬥유성	역참 ①	방리 ○	능침 ○원내 능호	봉수 🔺 고산성 🔺 도로 10리 2 3 4

觀瀾亭 관란정

蒿屯 이동골
耳呑洞川 추동천
耳呑里 이탄리
揪洞里 추동리
九竜岑 구룡령
山足馬 정족산
道寂寺 도적사
明珠寺 명주사
山洞 동산
竹 죽
陽野山 양야산
橋 교
麻湖 마호
香湖 향호

春其川 춘천기린
揷基川 기린전
鎭東里 진동리
五臺山 오대산
九竜淵 구룡연
青鶴洞 청학산
真雲峯 촉운봉
新里 신리
注文津 주문진

方泰山 방태산
內面 내면
于筒水 우통수
上元庵 상원암
史庫 사고
天遊洞 천유동
道巖 도암
冬德谷 동덕곡
連谷 연곡
沙火山 사화산

銀豆蔜 은두의령
金剛淵 금강연
泥峴 이현
月精寺 월정사
普賢山 보현산
岩城 성산
嘉南 가남
鏡浦臺 경포대
海松亭 해송정

燕方山 연방산
大隱洞 대은동
蓬坪 봉평
月精街 월정가
橫溪 횡계
橫溪川 횡계천
關嶺 대관령
濟民院 제민원
岳 애일리
後里 후리
江陵 강릉
德方 덕방
南川 남천

安樂里
石窟 석굴
清心 청심대
珍富 진부
毛老峴 모로현
高端 고단
鈒峴
淡定山 담정산
耕岳 구정

芳林 방림
內仇來峙 내구미치
沙川 사천
大和 대화
巨文里 거문리
頭陀山 두타산
鉢音峯 발음봉
栢隱伊山 소은백이산
臨溪 임계
棟堤 동계
木溪 목계

水精山 수정산
斗滿山 두만산
佳王山 주왕산
束沙里 속사리
鋤峴 유현
典玉山 천옥산
餘糧 여량
沓雲洞 답운동
素來洞川 소래동천
地境里 지경리
橫墻里

麻之 마지
藥水 약수
平昌
居瑟岬 거슬갑
南山 남산
眼齒峴 안울
利峴 이현
細川 세천
加里山 가리산
丹林里 단림리
檜洞 회동
碧茇嶺 벽파령
味呑嶺 미탄령
掛懸山 괘현산
省物村 성석춘

13-3 홍천洪川 횡성橫城

우측 상단에 살짝 보이는 물줄기는 북한강 지류인 내린천, 좌측 상단은 북한강이다. 중앙에는 홍천강이 홍천
고을을 지나 북한강으로 흘러간다. 횡성을 지나는 하천은 섬강이다.

12-3	12-2	12-1
13-4	13-3	13-2
14-5	14-4	14-3

영아 ☐ 영이 있는 읍치는 표시 안함	읍치 ○무성 ◯유성	성지 ⛰산성 ⛰관성	진보 ☐무성 ▣유성	창고 ■무성 ▣유성	목소 ⊞ 牧 場屬
고현 ●◉유성 ◎구읍지 유성	고진보 ▲ ◬유성	역참 ①	방리 ○	능침 ○원내 능호	봉수 ▲ 고산성 ◭ 도로 10리 2 3 4

山岳三 삼악산
安保 안보
防空谷 방공곡
南社 남사
山峯五 소봉산
武陵峽 무릉협 무릉치
峙子德 덕머리치
君子谷 군자곡
柯亭川 가정천
孔之川 공지천
山防箭 전방산 송천치
昌原 창원
峴沙 사현
峴榆 유현
山折九 구절산
水鶴寺 수학사
山鶴金 금학산
九里灣 구만리
山峯八 팔봉산
里谷盆 박곡리
峙自白 백양치
神撞峙 신당치
山動不 부동산
葛峴 갈현
里谷田
山峙墨 묵방산
新 신
山峯鶴
射亭峴
飛峙
山斜松 송사산
沙峴
隱居里 은거리
楓川 풍천
花村 화촌 북촌
北川 북천
城山里 성산리
大耶院峙 부소원치
鳴岩川 명암천
山光石 석화산
洪川 홍천
任波亭 임파정
峴松長 장송현
連峯 연봉
山弥大 대미산
永故莪 영고개
峴釣 조의산
玉流洞 옥류동
山音五 오음산
峯莘 청봉
三馬峙 삼마치
山竜飛 비룡산
嗵青 청룡
清淵 청연
山盆松 송분산
末巨里 말거리
山里加 가리산
赤村 적촌
泉甘 감천
建伊峙 건이치
岸北村 안북촌
洞宝金 금보동
柏子洞 백자동
里松田 송전리
山飛鳳 봉비산
洞田藍 남전동
基礎
里亭德 은정리
村乃 내촌
里巨勿 물거리
馬峴 마현
里谷箕 농곡리
山雀孔 공작산
水渟寺 수타사
里下巾 건하리
島峴 조현
小松峙 소송치
大松峙 대송치
石瑞 서석
東
里谷栗 율곡리
山凉清 청량산
峴峻泰 태기치
山高德 덕고산
柏峴 백치
晴 청이
山金鼎 정금산
山頭鴻 홍두산
屯内 둔내
甲川 갑천
檜峴 회현
榆谷 유곡
仇未峙 구미치
雲
枌路峴
山方墨
車踰嶺 차유령
峴豊葛 갈풍치
山馬橫 마산
川南 남천
嶂峴 장현
寒江 한강대
谷向地 서화곡
飛峙
高嶺 고달산
新 신
山馬 마산
偶川 우천
水喃 수남
浦通川 포통천
加田川 가전천
素 소초
山子狮 사자산
桃花洞 도화동
山德白 백덕산
安倉 안흥
秀峙

13-4 한양漢陽 광주廣州 양근楊根

한양 북쪽의 도봉산 · 삼각산은 한북정맥이고, 좌측 하단의 광교산 · 수리산은 한남정맥이다. 북한강과 남한강 두 물줄기가 양근 땅 서쪽 끝에서 하나로 만나 한양을 지나 서해로 흘러간다.

12-4	12-3	12-2
13-5	13-4	13-3
14-6	14-5	14-4

영아 □ 영이 있는 읍치는 표시 안함	읍치 ○무성 ◉유성	성지 🏯산성 ⛩관성	진보 □무성 ▣유성	창고 ■무성 ▣유성	목소 ⊞ 牧 場屬
고현 ●◉유성 ◎구읍지 유성	고진보 ▲ ⏢유성	역참 ①	방리 ○	능침 ○원내 능호	봉수 ▲	고산성 ⛰	도로 10리 2 3 4

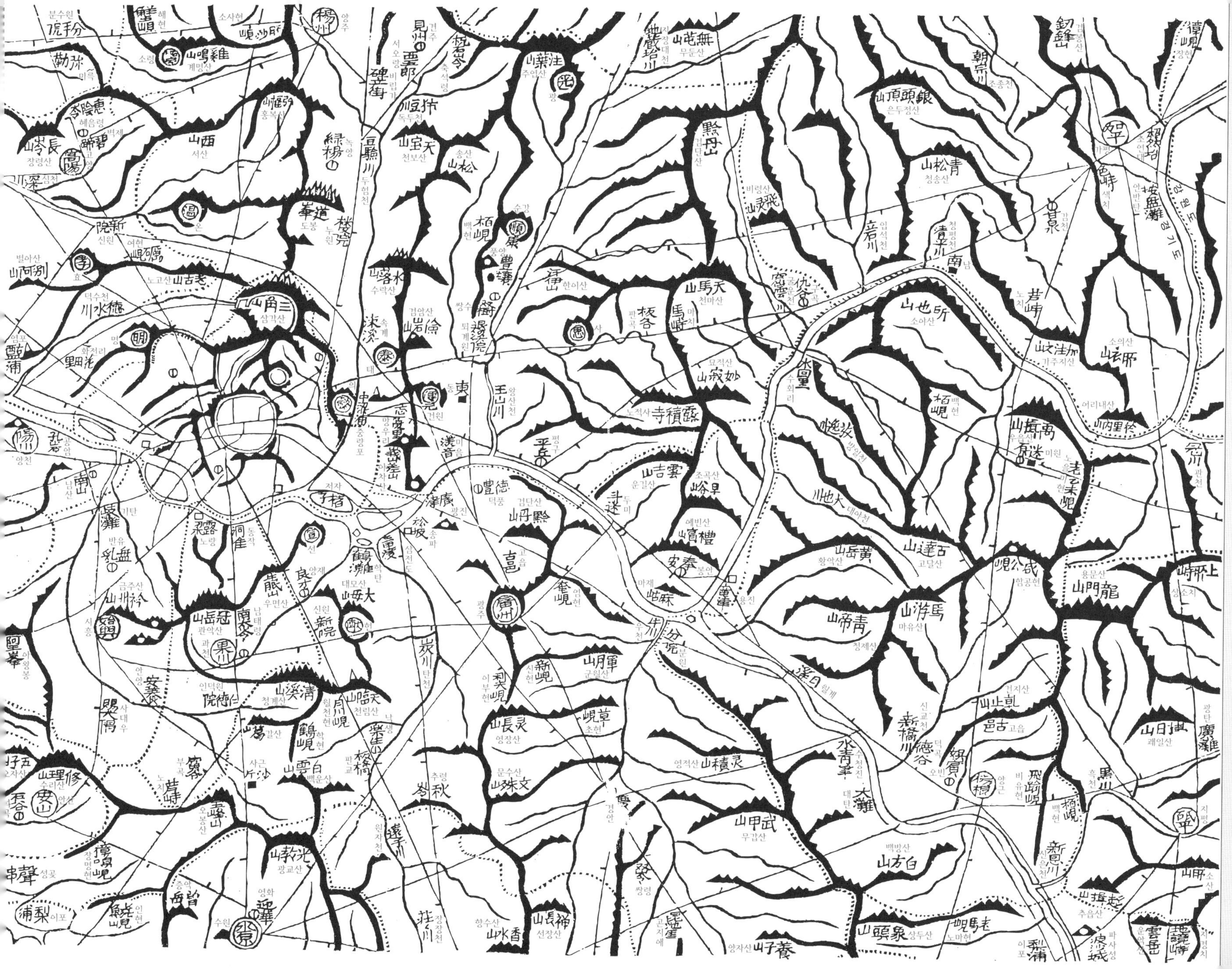

13-5 강화江華 김포金浦 인천仁川

우측에서 서북류하며 김포를 지나는 하천은 한강이다. 한강 동북쪽의 본달산·고봉·장명산은 한북정맥이고, 서남쪽의 소래산~주안산~문수산은 한남정맥이다.

12-5	12-4	12-3
13-6	13-5	13-4
	14-6	14-5

영아 ▢ 영이 있는 읍치는 표시 안함	읍치 ◯무성 ◎유성	성지 ⛰산성 ⛰관성	진보 ▢무성 ▣유성	창고 ■무성 ■유성	목소 圐 牧 場屬
고현 ●◉유성 ◎구읍지유성	고진보 ▲ ⬟유성	역참 ① 방리 ◯	능침 ◯원내능호	봉수 ▲ 고산성 ⬟	도로 10리 2 3 4

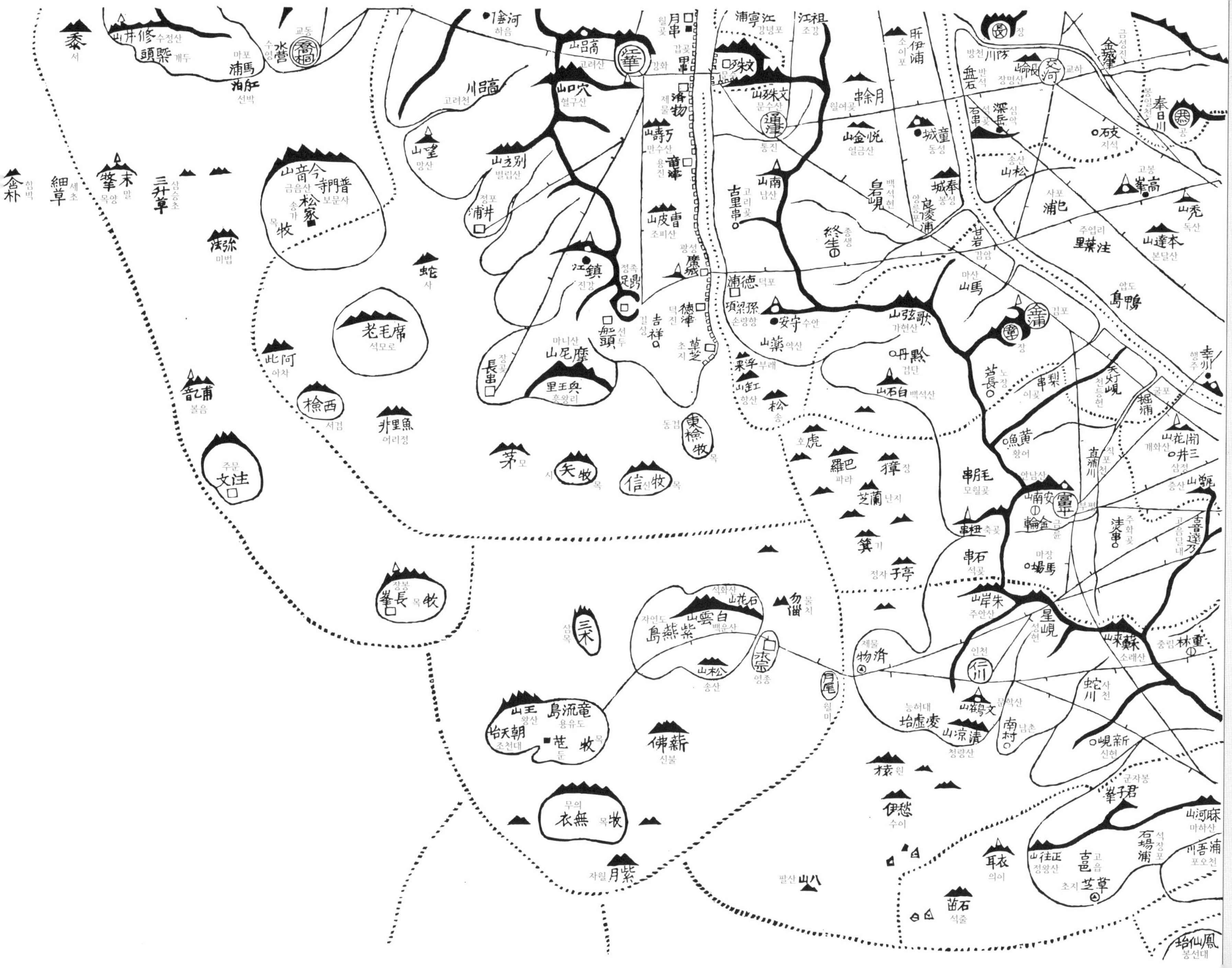

13-6 산연평 山延平

인천 먼 바다 지역이다. 서해 5도에 속하는 우도가 여기에 있다. 연평도 일대 바다는 과거에는 조기로 유명하였고, 지금은 꽃게잡이 어장으로 잘 알려져 있다.

12-6	12-5	12-4
	13-6	13-5
		14-6

영아 □ 영이 있는 읍치는 표시 안함	읍치 ○무성 ◉유성	성지 🏯산성 ⌒⌒관성	진보 □무성 ▣유성	창고 ■무성 ■유성	목소 🈺 牧 場屬
고현 ●◉유성 ◎구읍지유성	고진보 ▲ ⬟유성	역참 ①	방리 ○	능침 ○원내능호	봉수 🔺	고산성 ⛰	도로 10리 2 3 4

峙乃沙
사내서

平延山
산연평

水中草
長五十里
수중초
상오십리

舊島
북도

多敲峙
다고서

麻魚草
마어초

牙里草
아리초

草地雲
운지초

草老毛
모로초

細草
세초

如加仁峙
가인서

白舍朴峙
쉽박서

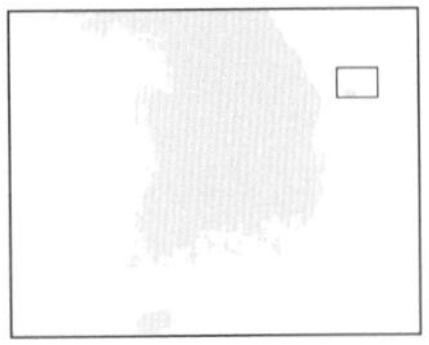

14-1 울릉도鬱陵島 우산도于山島

울릉도와 더불어 대한민국 동쪽을 지키는 수문장인 독도는 동해의 거센 파도와 바닷바람이 빚은 화산섬이다.
울릉도 동쪽의 우산도는 지금의 독도다.

13-1		
14-2	14-1	
15-1		

영아	□ 영이 있는 읍치는 표시 안함	읍치	○ 무성 ◎ 유성	성지	🏔산성 �관성	진보	□ 무성 ▨ 유성	창고	■ 무성 ▣ 유성	목소	🅰 牧 場屬
고현	● ◉유성 ◎ 구읍지 유성	고진보	▲ ▲ 유성	역참	①	방리 ○	능침	○ 원내 능호	봉수 ▲	고산성 ▲	도로 10리 2 3 4

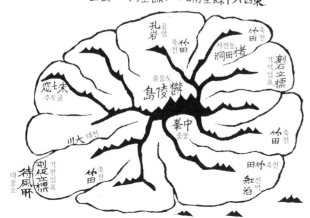

동서육십여리 남북사십여리 주이백여리

里餘百二周里餘十四北南里餘十六西東

이도상거불원 풍일청명 측가망견

見望可則明淸日風遠不去相島二

우산

山于

14-2 삼척 三陟

좌측 하단의 말흔산에서 백병산~직치로 뻗어 가는 산줄기는 낙동정맥이다. 삼척의 젖줄인 오십천이 심한 곡류천으로 표현되어 있다.

13-2	13-1	
14-3	14-2	14-1
15-2	15-1	

영아	☐ 영이 있는 읍치는 표시 안함	읍치 ○ 무성 ◎ 유성	성지 🏯 산성 〰️ 관성	진보 ☐ 무성 ▣ 유성	창고 ■ 무성 ■ 유성	목소 🏯 牧 場屬
고현 ● ◉ 유성 ◎ 구읍지 유성		고진보 ▲ 🔺 유성	역참 ① 방리 ○	능침 ○ 원내 능호	봉수 ▲ 고산성 ⛰️	도로 10리 2 3 4

峴吉唐 당지현　陵平 평릉

洞山竜 용산동

北津 북진

武陵溪 무릉계

山夜葛 갈야산　津廣 광진신　삼척포

笛三 죽서루　삼척

竹峙 죽치

峯弩 만노봉

直史 사직

大峙 대치

山玉青 청옥산　山近 근산　山野陽 양아산　山德 덕산

交柯 교가

鄉滿 만향

山雲奥 흥운신

洞苔 노동

川十五 오십천　川柯交 교가천

山達所 소달산

山川君 군천산

山隱灵 영은산　川濮絲火 초탄천　大津 대진

山谷草 초곡산

竜化 용화　용사곡

竜谷

山井僧 승정산

山無中 중무산　山水三 삼수산

山院臨 임원산

峴見 와현

山欣未 발흔산　城原沃 옥원성

海利 해리

川政麻 마귀천

山頭牛 우두산　山谷可 가곡산

川原沃 옥원천

山凡陳 진범산

山丘通 통구산

岑葛 갈령

山道出蒼 창출도산

山笠簑 사립산　山非宿 숙비산　奥富 흥부

山屏白 백병산　山方三 삼방산

等佛鈴 불귀령

竹邊串 죽변곶

直峙 직치

山介石 석개산　山王邊安 안일왕산

14-3 정선 旌善 영월 寧越 영춘 永春

우측 상단에서 서남으로 뻗는 굵은 산줄기는 백두대간이다. 백두대간의 대박산과 건의령 사이에서는 낙동정맥이
분기해 우보산·말읍산을 세우며 동남으로 뻗어 간다. 정선을 지나온 동강은 영월에서 서강을 만나 남한강이 된다.

13-3	13-2	13-1
14-4	14-3	14-2
15-3	15-2	15-1

영아	영이 있는 읍치는 표시 안함	읍치 ○무성 ◎유성	성지 산성 관성	진보 □무성 ■유성	창고 ■무성 ■유성	목소 牧 場屬
고현 ●◉유성 ◎구읍지 유성		고진보 ▲ ▲유성	역참 ①	방리 ○	능침 ○원내 능호	봉수 ▲	고산성 ▲	도로 10리 2 3 4

新興
신흥

德田里
덕전리

應谷里
응곡리

高德峙
고덕치

麻池里
마지리

味呑
미탄

平安
평안

星麻嶺
성마령

飛鳳山
비봉산

好善
호선

廬灘
여탄

蜂
북평

半點峙
반점치

阿谷川
아곡천

白福太
백복령

三淸山
삼청산

延平山
연평산

麻呑
마탄

鐙
등

龍岩淵
용암연

大金山
대음산

瑞雲山
서운산

門杜峙
문두치

東
동

烏馬潭
백양담

蔚屯山
울둔산

大田里
대전리

竹峴川
죽현천

頭陀山
두타산

陀頭山
죽령

陰谷川
음곡천

楊洲
양주

山梁
양산

三仙山
삼선산

栗峙
율치

王枯峯
옥순봉

江村淵
강촌연

江尔下
하강강

南
남

淨岩川
정암천

沒雲山
몰운산

春杜川
대박산천

兎山
토산

北浦
북포

月忌山
일은산

德峙
덕치

分덕치

鉢山
발산

三王里
삼왕산

洞
두동

石穴
석혈

熊
웅전산

葛田山
갈전산

翼
사미

衣巾嶺
건의령

淸谷浦
청곡연

越

金鳳洲
금봉연

荒澤山
완택산

正陽山
정양산

蓬萊山
봉래산

木羅里
화라리

東
동

會稽山
화개산

梨洞島
조동리

田熊山
웅전산

治音舍
사음대

淨岩山
정암산

大朴山
대박산

德田里
덕전리

太華山
태화산

里居地
지거리

蒼玉峯
청옥봉

榆嶺
유현

義豐川
어풍천

灄文里
잔문리

강원도
경상도

孤石峯
고석령

黃池
황지

末邑山
말읍산

石壁
석벽

羅麻峯
비마라천

香山遷
향산천

浮雲峯
부운봉

屏北山
잉춘

春杰峯

沙峙
사치

水多山
수다산

太白山
태백산

牛甫山
우보산

石窟
석굴

城山
성산

於尼山
어니산

順輿地
순흥지

伐海川
벌해천

別退嶺
별퇴령

馬兒峯
마아치

串赤峙
빌전치

禮佛峯
예불봉

榮川地
영천지

文殊山
문수산

智林寺
지림사

春陽
춘양

史庫
각화사

覺華寺
落庵

破岩嶺
파암령

小白山
소백산

荣谷
소백천

鳳凰寺
봉황사

浮石寺
부석사

東部豊
부풍천

勿也溪
물야계

金輪庵
금륜암

迷廣川
도광천

小川川
소천

蓬萊山
봉래산

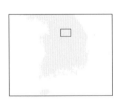

14-4 원주原州 제천堤川 충주忠州

영월을 지나온 남한강이 단양 · 충주를 지난 뒤 서북쪽의 여주를 향해 흘러간다. 좌측 하단에서는 달천이 남한강에 합류하고, 상단에서는 원주를 지나온 섬강이 흘러든다.

13-4	13-3	13-2
14-5	14-4	14-3
15-4	15-3	15-2

영아	▢ 영이 있는 읍치는 표시 안함	읍치	○무성 ◎유성	성지	🏔산성 ⛰관성	진보	▢무성 ▣유성	창고	■무성 ▣유성	목소	畑 牧 場屬
고현	●◉유성 ◎구읍지 유성	고진보	▲ ♠유성	역참	①	방리 ○	능침	○원내 능호	봉수 ▲	고산성 ▲	도로 10리 2 3 4

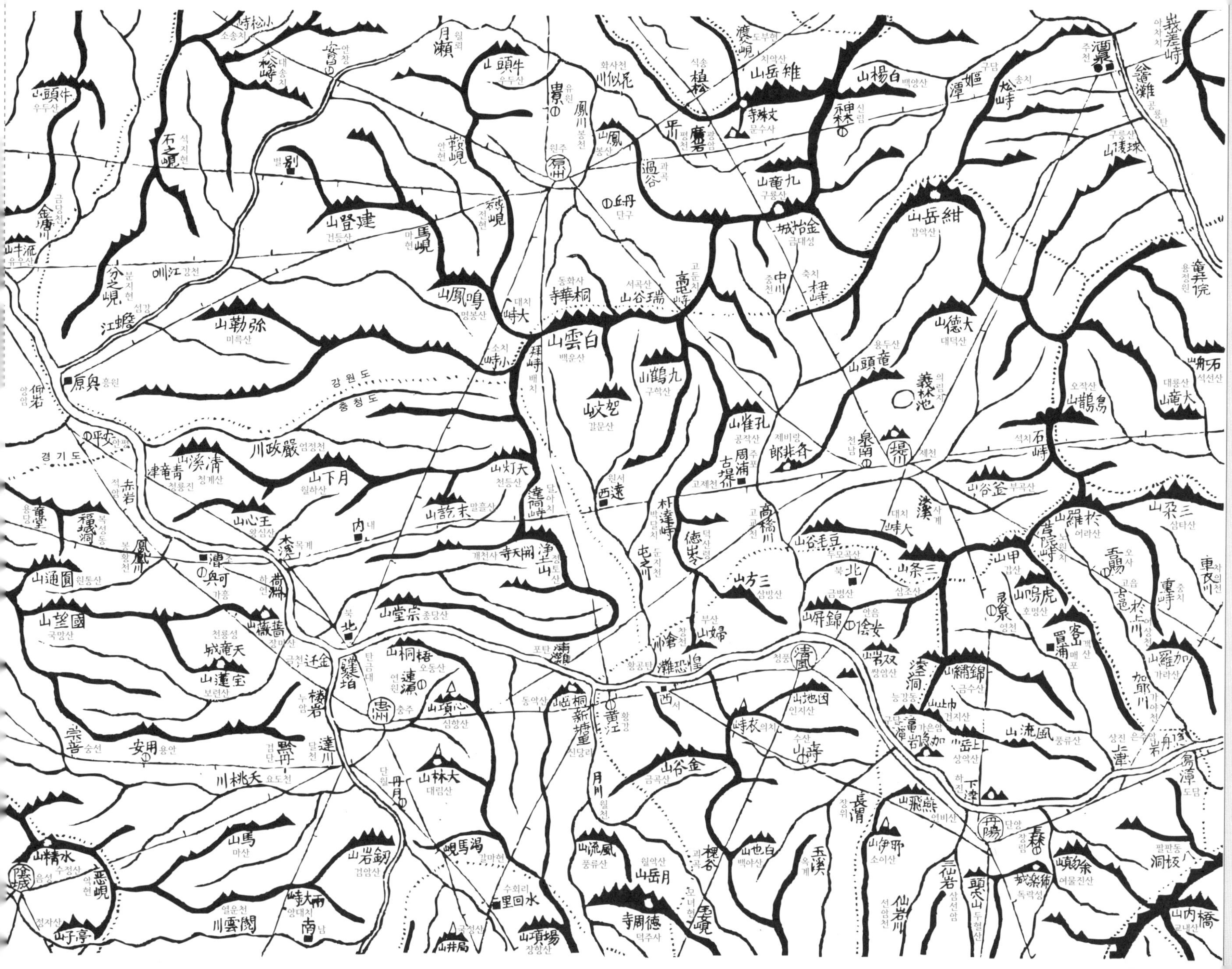
소송치
안창
월뢰
우두산
대송치
도부현
아차치
치악산
화사천
백양산
구담
주천
송치
공룡단
신림
문수사
평천
원주
봉천
봉산
석지현
안현
과곡
구룡산
금당천
건등산
마현
단구
금대성
감악산
분지현
강천
동화사
서곡산
고둔치
축치
중천
용정원
섬강
명봉산
대치
미륵산
백운산
대덕산
용두산
소치
배치
석선산
흥원
강원도
충청도
구학산
의림지
대룡산
오작산
안평
갈문산
공작산
제비랑
천남
제천
석치
경기도
엄정천
청계산
월하산
천등산
달아치
원서
주포
고제천
부곡산
적암
청룡진
왕심산
말흘산
박달치
고교천
사계
어라산
삼타산
용당
복성동
내
목계
개천사
정토산
덕산령
두모곡산
삼조산
갑산
오사
원통산
봉황천
가흥
하연
둔지천
삼방산
북
고읍
호명산
영천
국망산
천룡성
종당산
부산
창천
금병산
안음
포탄
매포
객산
보련산
금천
탄금대
오동산
황공탄
청풍
쌍암산
금수산
가라산
연원
동악산
누암
충주
심항산
황강
인지산
능강동
건지산
가은암
가야천
숭선
용안
검단
달천
신당리
의치
수산
풍류산
상악산
상진
도담
오도천
단월
대림산
금곡산
창위
하진
여비산
마산
갈마현
월악산
백야산
옥계
소이산
단양
팔판동
수정산
음성
악현
검암산
수회리
여물진산
열운천
양대치
덕주사
삼선암
독락성
정자산
남
장항산
선암천
교내산
월천

14-5 이천 利川 여주 驪州 안성 安城

우측 하단의 보현산~칠현산은 한남금북정맥 산줄기다. 이어 칠현산을 지나 북쪽으로 뻗은 산줄기는 한남정
맥, 서남쪽으로 뻗은 산줄기는 금북정맥이다. 우측 상단의 여주를 지나는 하천은 남한강이다.

13-5	13-4	13-3
14-6	14-5	14-4
15-5	15-4	15-3

영아	☐ 영이 있는 읍치는 표시 안함	읍치	◯ 무성 ◉ 유성	성지	🏔 산성 〰 관성	진보	☐ 무성 ▣ 유성	창고	■ 무성 ▣ 유성	목소	🐄 牧 場屬
고현	● ◉ 유성 ◎ 구읍지 유성	고진보	▲ 🔺 유성	역참	①	방리	◯	능침	◯ 원내 능호	봉수	▲	고산성	🔺	도로	10리 2 3 4

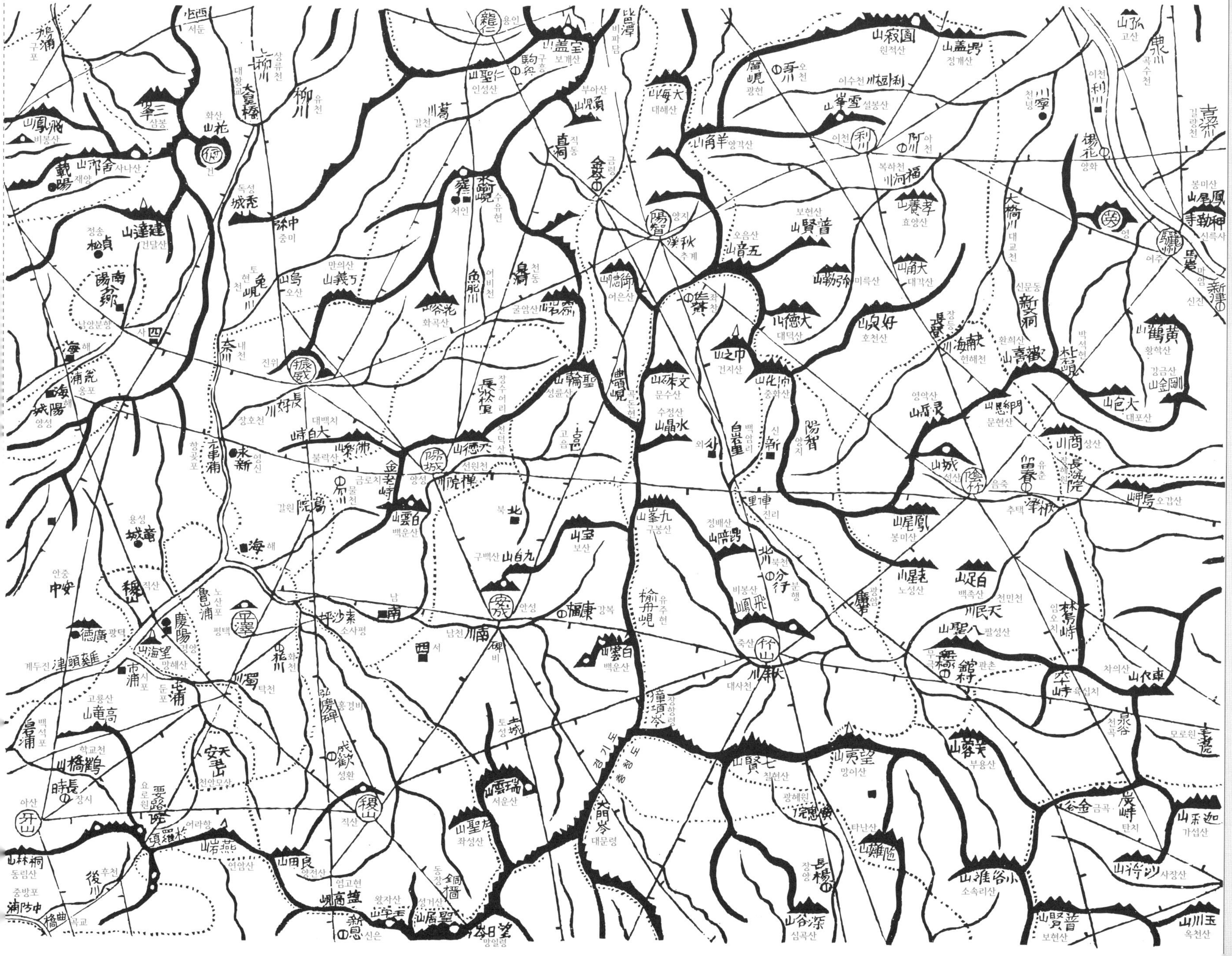
서둔
구포
용인
상류천
대황교
유천
보개산
구흥
인성산
갈천
비파담
부아산
대해산
원적산
정개산
오천
광현
이수천
설봉산
고산
곡수천
천녕
이천
길량천
삼봉
화산
비봉산
사나산
재양
직동
금령
양각산
아천
양화
복하천
봉미산
신륵사
독성
중미
처인
수유현
양지
보현산
효양산
대교천
여주
정송
건달산
추계
오음산
대각산
마암
신진
만의산
오산
어비천
천동
미륵산
여은산
신문동
굴암산
화곡산
대덕산
호천산
환희산
박석현
황학산
남양분향
내천
진위
건지산
헌해천
강금산
옹포
양성
장수어리
성륜산
문수산
중화산
영악산
문현산
대포산
곡돈현
수정산
백암리
장호천
대백치
천덕산
고음
상산
향곡포
영신
불락산
유춘
음죽
금로치
선원천
석산
오갑산
갈원
물천
진리
추택
용성
백운산
정배산
구봉산
보산
구백산
북천
분행
노성산
백족산
안중
직산
노산포
비봉산
광암
천민천
안성
강복
유주현
임오치
평택
소사평
남천
광덕
경양
팔성산
죽산
무극
관촌
계두진
망해산
화천
대사천
차의산
육십치
시포
둔포
탁천
고룡산
홍경비
토성
장항령
천곡
모로원
백석포
학교천
성환
칠현산
망이산
부용산
경기도
충청도
요로원
장시
아산
천안모산
서운산
광혜원
어라항
타난산
대문령
금곡
탄치
가섭산
좌성산
연암산
양전산
염고현
동창
장양
소속리산
사장산
동림산
후천
중방포
곡교
왕자산
성거산
신은
망일령
심곡산
옥천산

14-6 남양南陽 당진唐津 면천沔川

충청도와 경기도 서해안 지역이다. 동남쪽은 아산만이고, 남쪽은 태안반도 북부인 충청도 내포 지방이다.

13-6	13-5	13-4
	14-6	14-5
15-6	15-5	15-4

영아 ☐ 영이 있는 읍치는 표시 안함	읍치 ○무성 ◉유성	성지 ⛰산성 〜관성	진보 ☐무성 ▣유성	창고 ■무성 ■유성	목소 囲 牧 場屬
고현 ●◉유성 ◎구읍지유성	고진보 ▲ ▲유성	역참 ①	방리 ○	능침 ○원내능호	봉수 ▲ 고산성 ⛰ 도로 10리 2 3 4

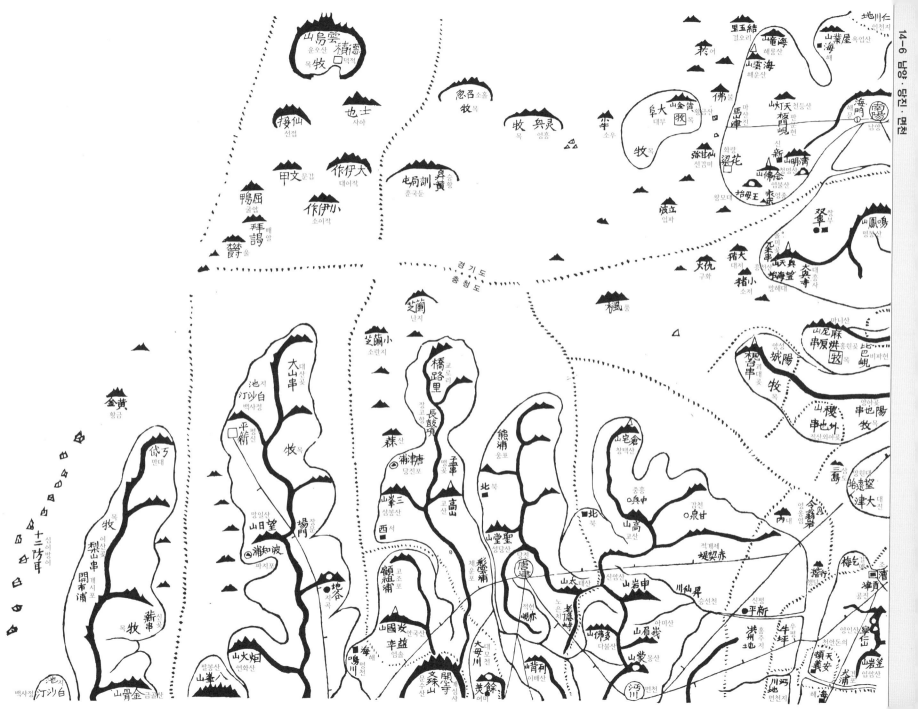

15-1 울진蔚珍 평해平海 영해寧海

좌측 상단에서 낙동정맥이 남으로 뻗어 있다. 낙동정맥 서쪽으로 흐르는 하천은 모두 낙동강 수계다. 낙동정맥에서 동쪽으로 발원한 하천들은 동해로 흘러든다.

14-3	14-2	14-1
15-2	15-1	
16-2	16-1	

영아	☐ 영이 있는 읍치는 표시 안함	읍치	◯무성 ◉유성	성지	🏔산성 ⛰관성	진보	☐무성 ◰유성	창고	■무성 ■유성	목소	⊞ 牧 場屬
고현	● ◉유성 ◎구읍지 유성	고진보	▲ ⬣유성	역참	①	방리	◯	능침	◯원내 능호	봉수	▲	고산성	⛰	도로	10리 2 3 4

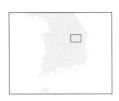

15-2 영천榮川 예안禮安 안동安東

지도 중앙에 예안과 안동을 가로지르며 흐르는 하천은 낙동강이고, 좌측 영천(지금의 영주)과 예천을 흐르는 하천은 낙동강의 지류인 내성천이다.

14-4	14-3	14-2
15-3	15-2	15-1
16-3	16-2	16-1

영아 ☐ 영이 있는 읍치는 표시 안함	읍치 ○무성 ◎유성	성지 🏰산성 ⛰관성	진보 ☐무성 ☐유성	창고 ■무성 ■유성	목소 🏣 牧 場屬
고현 ●무성 ◉유성 ◎구읍지 유성	고진보 ▲ ⬠유성	역참 ①	방리 ○	능침 ○원내 능호	봉수 🔺	고산성 ⛰	도로 10리 2 3 4

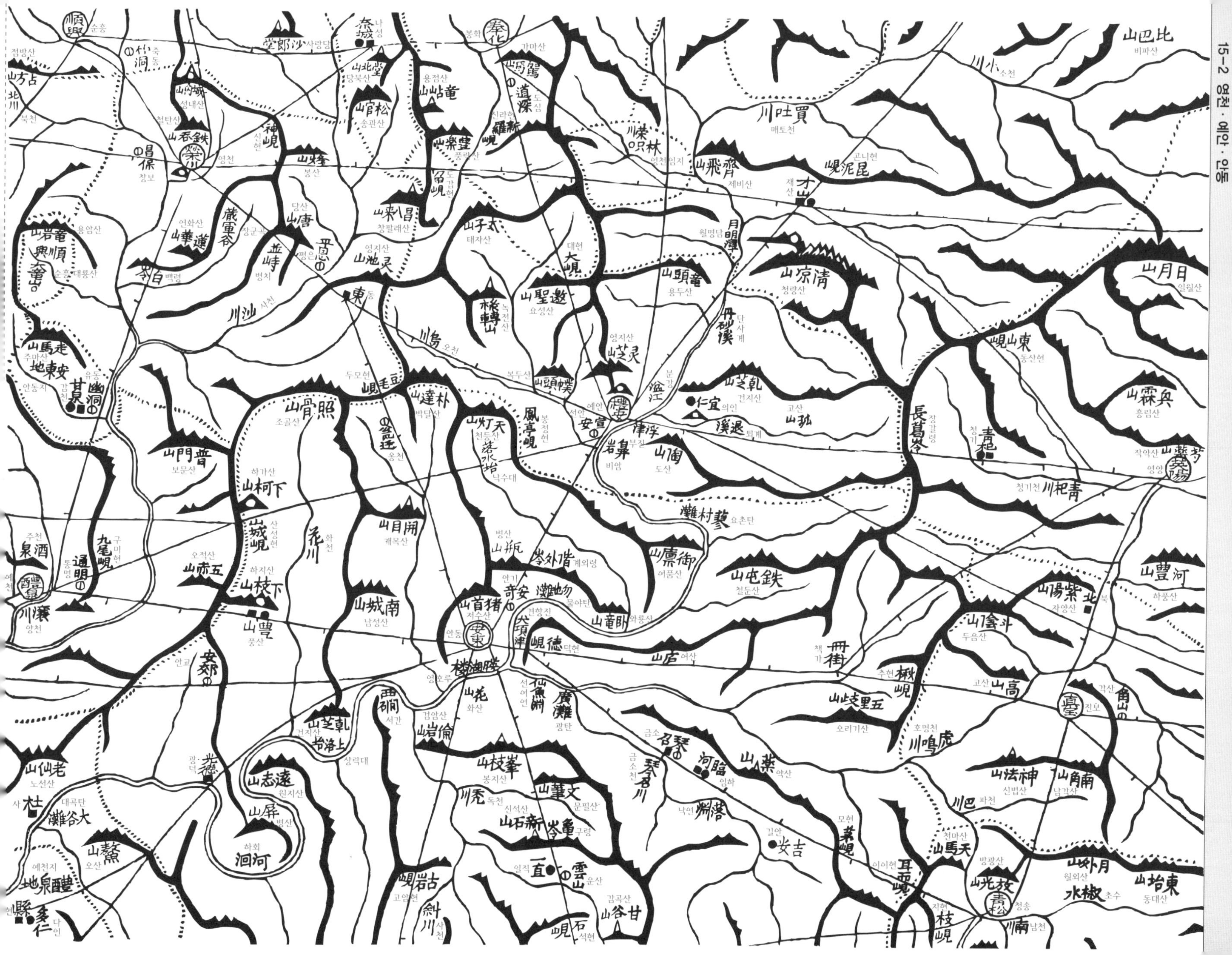

15-3 괴산槐山 문경聞慶 보은報恩

굵은 선으로 진하게 표현된 산줄기는 백두대간이다. 속리산 천왕봉에서는 한남금북정맥이 회유치~웅치로 뻗어 나간다.

14-5	14-4	14-3
15-4	15-3	15-2
16-4	16-3	16-2

영아 ☐ 영이 있는 읍치는 표시 안함	읍치 ◯무성 ◉유성	성지 🏯산성 〰관성	진보 ☐무성 ▣유성	창고 ■무성 ■유성	목소 🄫 牧 場屬
고현 ●◉유성 ◎구읍지 유성	고진보 ▲ ◬유성	역참 ①	방리 ◯	능침 ◯원내 능호	봉수 ▲ 고산성 ◭ 도로 10리 2 3 4

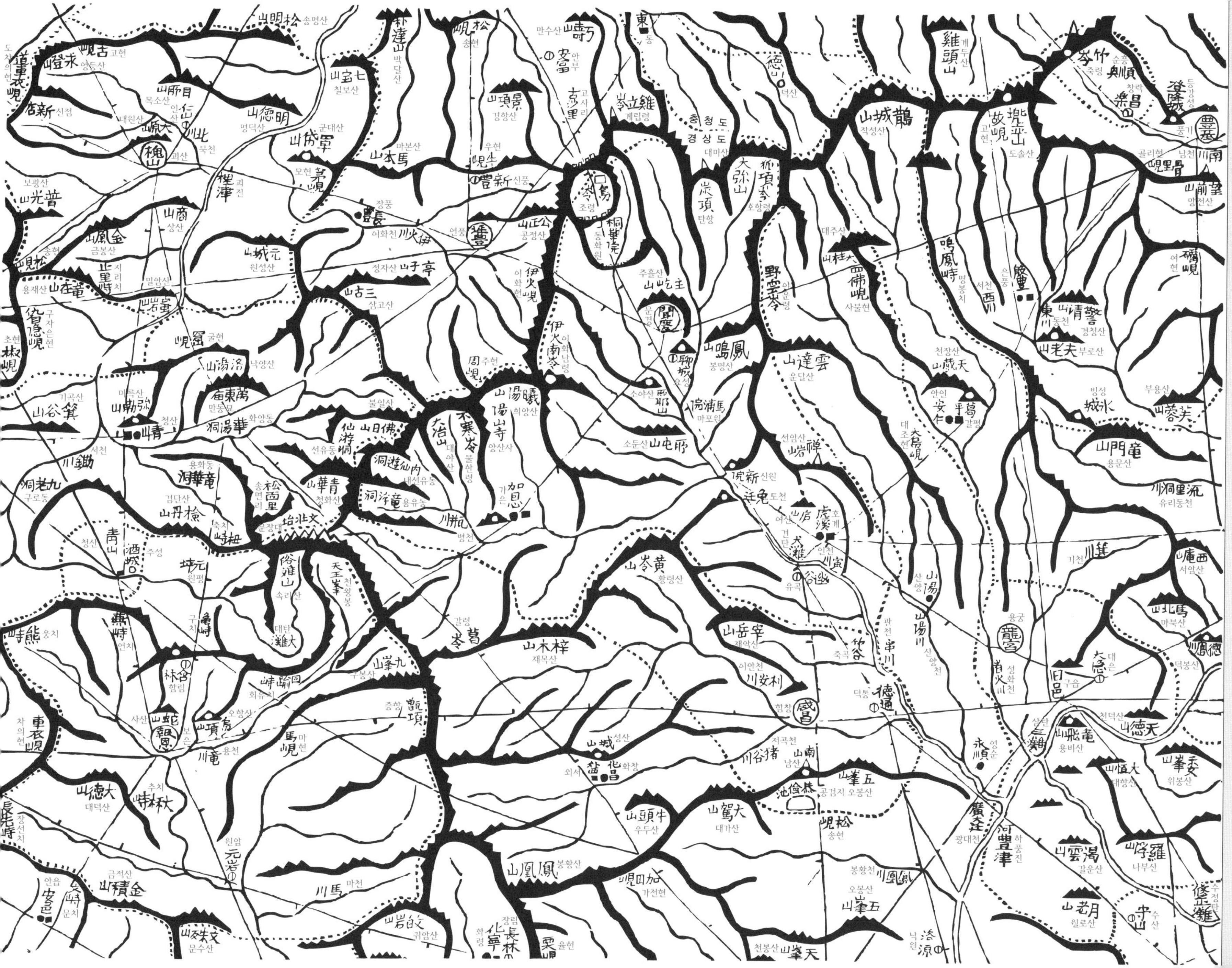
송명산
고현
영등산
목소산
대원산
북천
괴산
칠보산
박달산
군대산
명덕산
마본산
송현
만수산
안부
경항산
고사리
계립령
우현
신풍
모현
장풍
이화천
연풍
공정산
충청도
경상도
대미산
덕산
탄항
호항령
작성산
계두산
죽령
순흥
창락
풍기
남천
골리현
도솔산
망전산
보광산
괴진
상산
금봉산
원성산
정자산
지리치
밀암산
용재산
삼고산
이화현
구자은현
초현
굴현
낙양산
주흘산
조령
동화원
대주산
명봉치
은풍
서천
여현
경청산
동천
부로산
사불현
봉명산
운달산
천장산
주추현
기곡산
미륵산
청산
만동묘
화양동
불일산
희양산
소야산
마포원
안인
갈평
빙성
부용산
선유동
대야산
불한령
양산사
소둔산
선암산
대조현
용문산
용화동
송면리
내선유동
용유동
신원
토천
유리동천
구로동
검단산
청화산
가은
병천
호계
여천
견탄
인천
기천
서암산
주성
원평
속리산
천왕봉
황령산
유곡
산양
구치
갈령
마북산
웅치
연치
대탄
재목산
재악산
관천
용궁
덕봉산
구봉산
이안천
죽곡
성화천
대은
구읍
함림
회유치
증항
덕통
함창
천덕산
차의현
사산
오항산
보은
용천
마현
성산
저곡천
남산
영순
삼탄
용비산
화창
외서
대항산
위봉산
대덕산
추치
공검지
오봉산
우두산
대가산
광대천
하풍진
장선치
원암
금적산
봉황산
가전현
봉황천
갈운산
나부산
마천
안읍
문치
월로산
수산
수정탄
장림
화령
귀암산
율현
낙원
천봉산
문수산

15-4 진천鎭川 청주淸州 공주公州

우측 가운데의 선도산~거대산~좌구산~증산~마곡산으로 이어지는 산줄기는 한남금북정맥, 상단 가운데의
납운치~월조산~차령~각흘치로 이어지는 산줄기는 금북정맥이다. 문의·공주를 지나는 하천은 금강이다.

14-6	14-5	14-4
15-5	15-4	15-3
16-5	16-4	16-3

영아	☐ 영이 있는 읍치는 표시 안함	읍치 ◯무성 ◉유성	성지 ⛰산성 ⛩관성	진보 ☐무성 ◼유성	창고 ◼무성 ◼유성	목소 田牧 場屬
고현 ●◉유성 ◎구읍지 유성		고진보 ▲ ⬣유성	역참 ①	방리 ◯	능침 ◯원내 능호	봉수 ▲	고산성 ⬟	도로 ¹⁰리 ² ³ ⁴

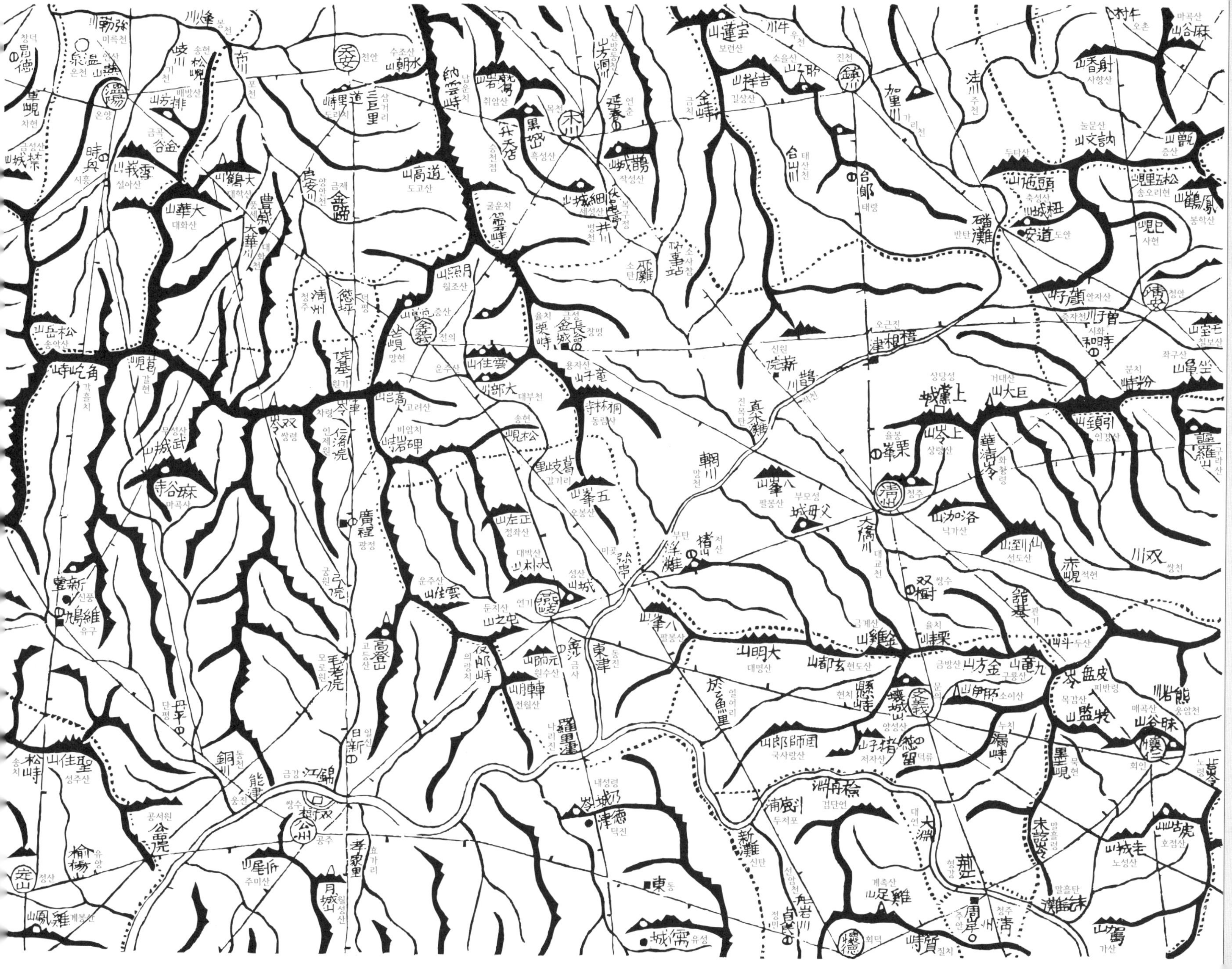

15-5 서산瑞山 홍주洪州 보령保寧

우측 가운데의 차유령에서 백월산~성태산~오사산(오서산)~가야산~성왕산~백화산~지령산으로 이어지는 산줄기는 금북정맥이다. 가야산 둘레 고을들은 충청도 내포 지방이다.

	14-6	14-5
15-6	15-5	15-4
16-6	16-5	16-4

영아 ☐ 영이 있는 읍치는 표시 안함	읍치 ○무성 ◎유성	성지 🛡산성 〰관성	진보 ☐무성 ▣유성	창고 ■무성 ▣유성	목소 🏣 牧 場屬
고현 ●◉유성 ◎구읍지 유성	고진보 ▲ ⬤유성	역참 ①	방리 ○	능침 ○원내 능호	봉수 ▲ 고산성 ⛰ 도로 10리 2 3 4

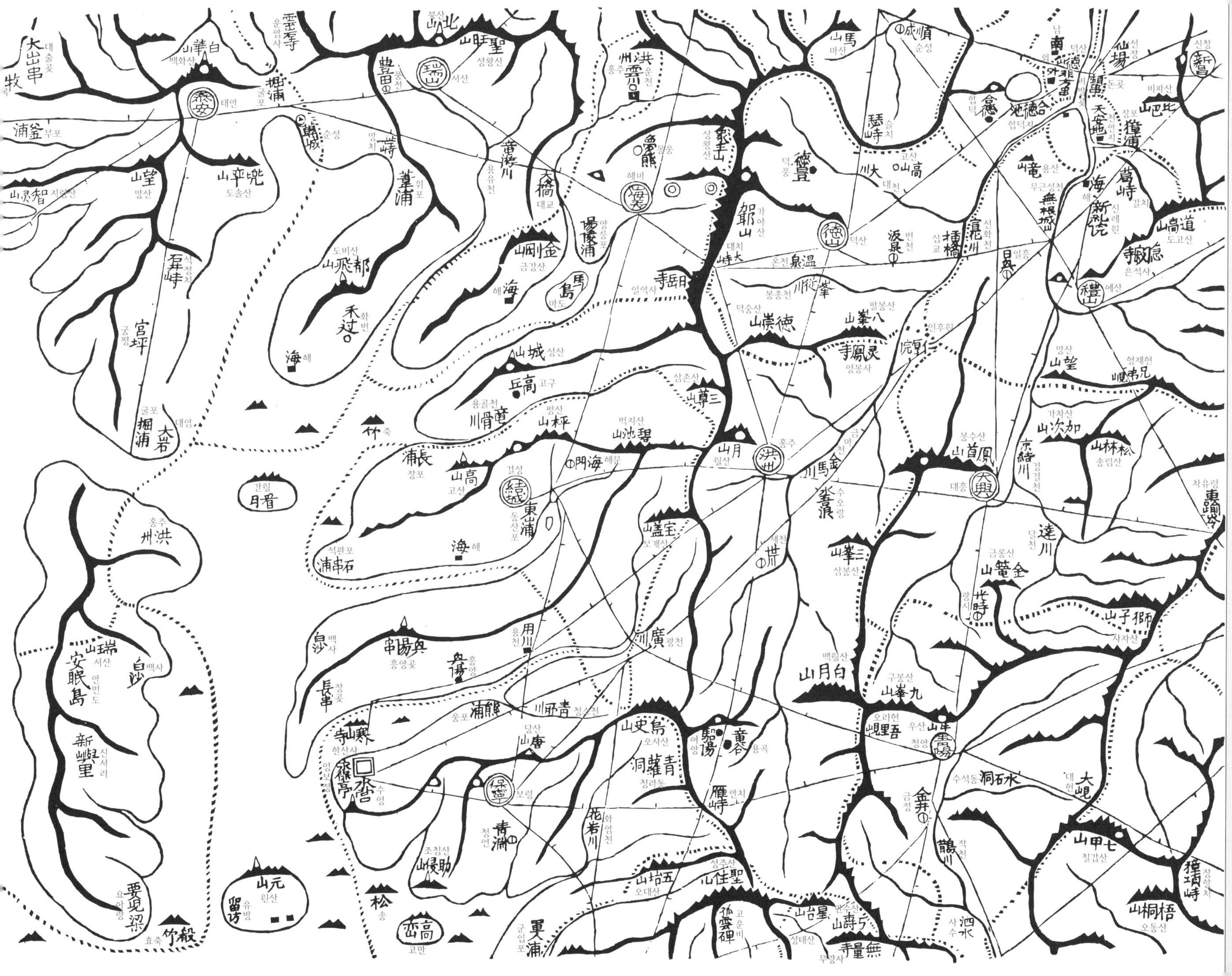

15-6 안흥安興

태안반도의 서쪽 끝이다. 금북정맥이 끝나는 안흥진은 중국과의 무역 통로였다. 이 앞바다는 '안흥량'이라 하여 세곡선이 한양으로 통하는 물길 중 최고 어려운 구간으로 꼽혔다.

		14-6
	15-6	15-5
	16-6	16-5

영아	☐ 영이 있는 읍치는 표시 안함	읍치	○무성 ◎유성	성지	🏔산성 ⛰관성	진보	☐무성 ☐유성	창고	■무성 ■유성	목소	🏠 牧 場屬
고현	● ◉유성 ◎구읍지 유성	고진보	▲ ⬟유성	역참	①	방리	○	능침	○원내 능호	봉수	▲	고산성	⛰	도로 10리 2 3 4

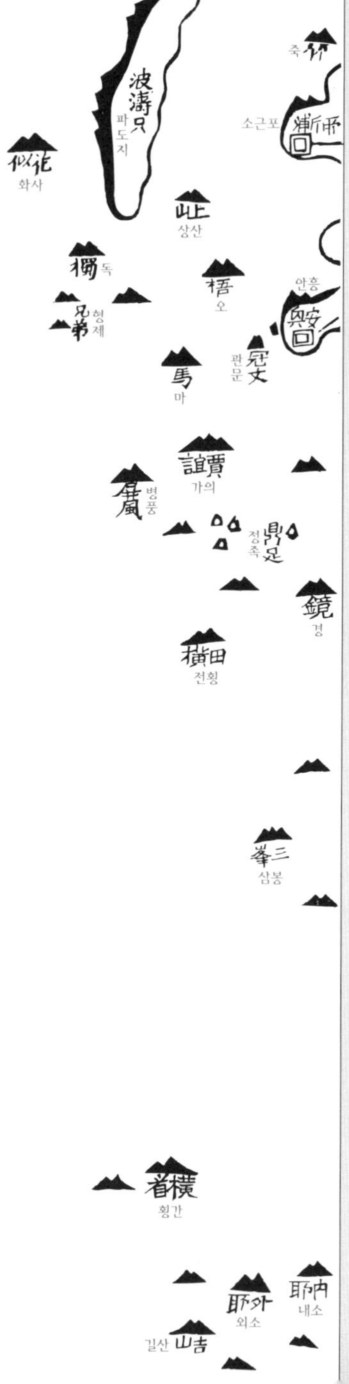

波濤只
파도지

築竹
축죽

似花
사화

斷所
단소

小근포

山上
상산

獨
독

梧
오

安奧
안흥

兄弟
형제

冠文
관문

馬
마

誼賈
가의

屛風
병풍

鼎足
정족

鏡
경

横田
전횡

峯三
삼봉

横着
횡간

内甲
내소

耶外
외소

吉山
길산

16-1 영덕 盈德 청하 清河 흥해 興海

좌측 상단에서 남으로 뻗어 내린 산줄기는 낙동정맥이다. 그 동쪽에는 영덕, 청하, 흥해 고을이 있다. 우측 하단에 동해로 뛰어나온 땅은 구룡반도의 끝인 호미곶이다.

15-2	15-1	
16-2	16-1	
17-2	17-1	

영아 ▢ 영이 있는 읍치는 표시 안함		읍치 ○무성 ◎유성		성지 🏯산성 ⛩관성		진보 ☐무성 ▣유성		창고 ■무성 ◼유성		목소 ⊞ 牧 場屬	
고현 ●◉유성 ◎구읍지 유성		고진보 ▲ ⬧유성		역참 ①	방리 ○	능침 ○원내 능호		봉수 ▲		고산성 ⬢	도로 10리 2 3 4

山峴注 주현산 · 대둔산 · 山六 · 입암 · 山長苗 묘장산 · 산향산 · 山項烏 · 浦半 반포산 · 山師大 · 축현 · 축산포 · 山丑 축산 · 대소산

山房周 주방산 · 山岳嶺 명악산 · 山嶺南 남면현 · 山角八 팔각산 · 오십천 · 山花林 화림산 · 山谷岩 암곡산 · 山荳無 두무산 · 주등 · 登酒

달로산 · 山老達 · 두성산 · 山城豆 · 영덕 · 德 · 삼강 · 別畔 별반산

진안 · 山好應 응봉 · 이전 · 田梨 · 川浦川 포내천 · 황석산 · 오포 · 山比所 소지산 · 山黃 황석 · 烏浦 오포 · 이전평

珠田 · 옥계 · 橫 옥계 · 南回 남 · 어화현 · 枝峴 · 호령 · 抓峴

骨谷浦 골곡포 · 珠布 주암 · 장동석 · 石動三 · 縣峙

山羅古 고라산 · 山老月 월로산 · 牛峴 우현 · 신구산 · 山龜神 · 山近內 내영산 · 山李桃 도리산 · 六岑 육령

法水 법수현 · 장차진 · 竹鎮 죽진 · 임 · 山北馬 마북산 · 官岑 관령 · 山鶴呼 호학산 · 淸河 청하 · 정사 · 개포 · 廣浦 광포 · 介浦 개포 · 허헐포 · 송라 · 三龍湫 삼룡추

竹長川 죽장천 · 長鎮 장진 · 죽장진 · 永川 영천 · 安田岑 예천령 · 山城德 덕성산 · 古邑 고읍 · 浦伊乃 포어이포 · 峴乃別 별내현 · 오산 · 山島 오산 · 大峴 대현 · 칠포 · 浦柒 칠포 · 神光川 신광천 · 고령산

分內峴 분내현 · 山甘土 토감산 · 山乭龜 구미산 · 山鶴飛 비학산 · 기계천 · 杞溪川 · 신광 · 神 陸 육 · 망창 · 山住雲 운주산 · 興海 흥해 · 山景孤 고령산 · 豊 곡강 · 山乙只 지을산 · 昌 · 영일

冬乙背串 동을배곶 · 迊夫山 부산 · 영일 · 牧 목 · 山月明 명림산

16-2 의성義城 군위軍威 의흥義興

좌측 하단의 인동을 지나는 굵은 물줄기는 낙동강이다. 의성 · 군위 등의 물길이 모인 위수(지금의 위천)는 비안을 지나 낙동강으로 합류한다.

15-3	15-2	15-1
16-3	16-2	16-1
17-3	17-2	17-1

영아 ☐ 영이 있는 읍치는 표시 안함	읍치 ○무성 ◉유성	성지 ⛰산성 🏯관성	진보 ☐무성 ▣유성	창고 ■무성 ▣유성	목소 🏣 牧 場屬
고현 ● ◉유성 ◎ 구읍지 유성	고진보 ▲ ⬥유성	역참 ①	방리 ○	능침 ○원내 능호	봉수 ▲ 고산성 ⛰ 도로 1O리 2 3 4

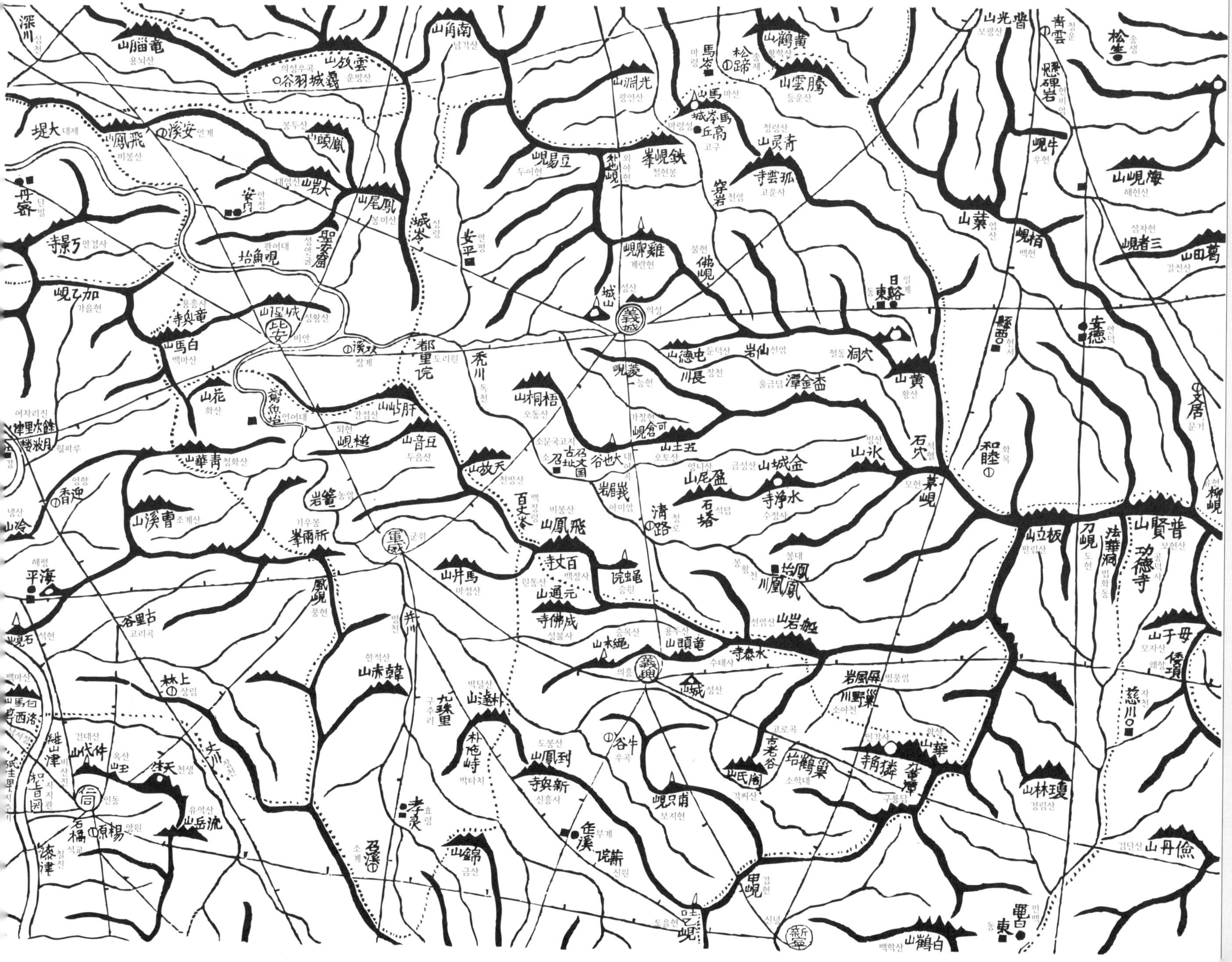
심천
용뇌산
의성우곡
운방산
남각산
보광산
청운
송생
황학산
마령
송제
등운산
광연산
마산
대제
안계
봉두산
마령성
고구
청령산
비봉산
두이현
외야현
철현봉
고운사
천암
혜현산
업산
대암산
안정
단밀
봉미산
성령
안평
만경사
광어대
성안굴
계란현
불현
백현
삼자현
갈전산
가을현
용흥사
성황산
성산
의성
일계
현서
안덕
비안
백마산
쌍계
도리원
독천
둔덕산
선암
혈동
능현
장천
울금담
황산
문거
화산
연어대
간점산
오동산
가창현
여차리진
월파루
퇴현
두음산
소문국고지
대곡
오토산
빙산
석혈
화목
청화산
천방산
영니산
금성산
영향
농암
백장령
아미암
석탑
수정사
모현
냉산
조계산
청로
기우봉
군위
판립산
도현
보현산
공덕사
법화동
해평
봉대
봉황천
백장사
마정산
원통산
승원
고리곡
풍현
병천
성불사
승목산
용두산
선암산
석현
모자산
예항
한적산
수태사
의흥
병풍암
상림
박달산
소야천
구주리
자천
고로곡
인각사
우곡
도봉산
소학대
건대산
옥산
천생
박타치
신흥사
각씨산
구룡담
경림산
인동
유악산
보지현
효령
부계
양원
석교
소계
신원
검단산
금산
갑현
신령
민배
토을현
백학산

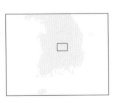

16-3 상주尙州 선산善山 영동永同

웅현~추풍령~삼도봉으로 이어지는 중앙의 굵은 산줄기는 백두대간이다. 우측의 상주와 선산을 지나는 하천은 낙동강이고, 좌측의 무주와 영동을 지나는 하천은 금강이다.

15-4	15-3	15-2
16-4	16-3	16-2
17-4	17-3	17-2

영아	□ 영이 있는 읍치는 표시 안함	읍치 ○무성 ◎유성	성지 🏔산성 〰관성	진보 □무성 ▣유성	창고 ■무성 ■유성	목소 囲 牧 場屬
고현 ● ◉유성 ◎구읍지 유성		고진보 ▲ ▲유성	역참 ①	방리 ○ 능침 ○원내 능호	봉수 ▲	고산성 ▲ 도로 10리 2 3 4

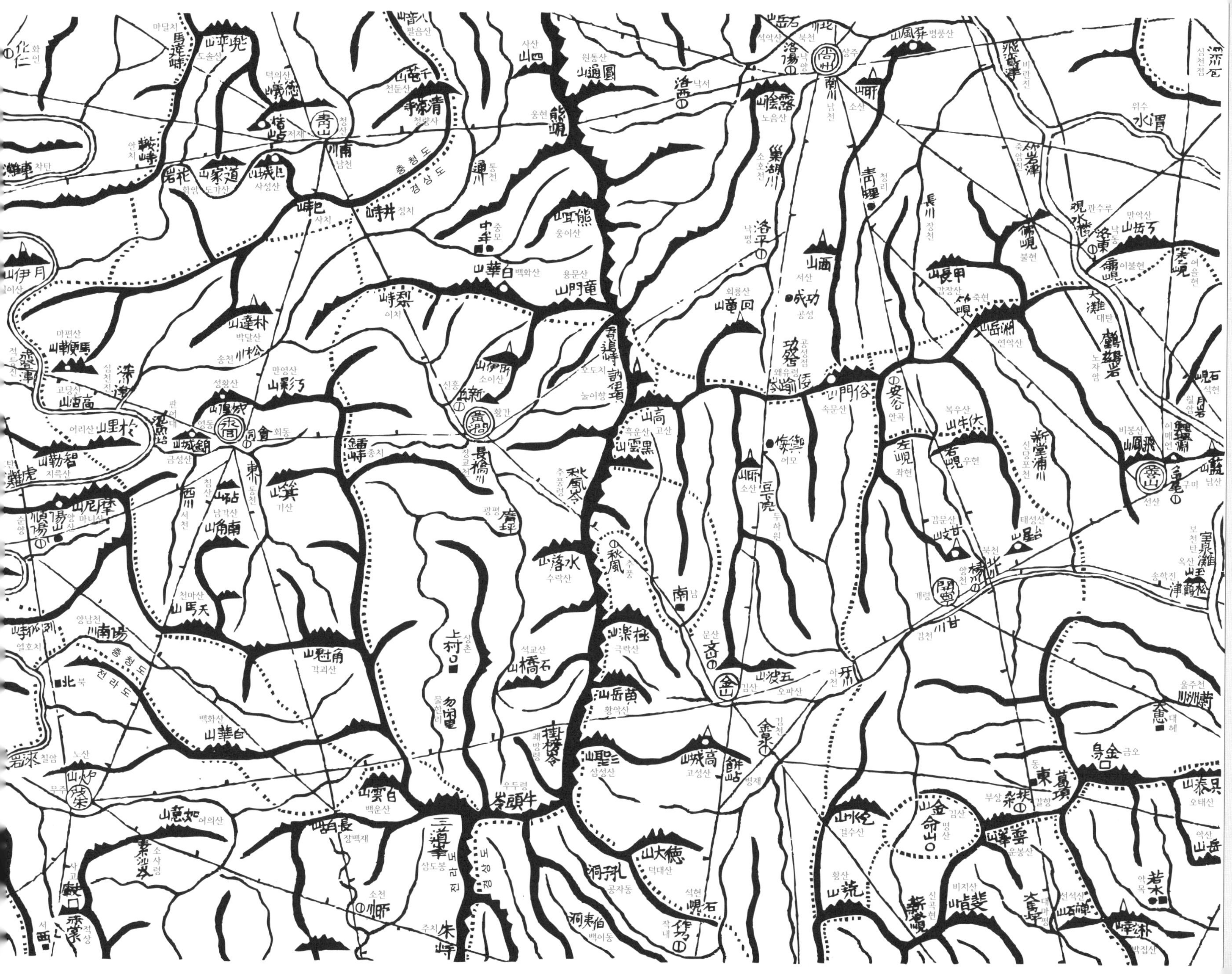
화인
마달치
도솔산
덕의산
천둔산
팔음산
사산
원통산
석악산
북천
상주
병풍산
비란진
섬천점
청산
웅현
낙서
낙양
남천
소산
노음산
위수
안치
차탄
화암
도가산
사성산
충청도
경상도
통천
소호천
청리
죽암진
사치
정치
중모
웅이산
낙평
장천
관수루
만악산
낙동
백화산
용문산
서산
불현
이불현
여을현
이산
회룡산
감장산
축현
대탄
이치
공성
연악산
마편산
박달산
공성점
노자암
송천
만영산
소이산
오도치
왜유령
석현
심천점
성황산
신흥
눌이항
속문산
안곡
월암
고당산
관어대
연동
회동
황간
고산
흑운산
복우산
비봉산
어리산
이매연
금성산
종치
장교천
어모
지륵산
추풍령
좌현
우현
신당포천
남산
구미
선산
남각산
기산
서천
광평
두하원
감문산
태성산
보천탄
옥산
송학진
수락산
추풍
양천
개령
천마산
양남천
열호치
상촌
석교산
극락산
문산
감천
각괴산
전라도
북
어천
오파산
김산
율주천
대혜
물한리
황악산
괘방령
김천
금오
칠암
노산
삼성산
고성산
병제
무주
우두령
부상
갈항
오태산
백운산
명산
여의산
장백재
걸수산
운봉산
덕대산
아산
소사령
삼도봉
공자동
황산
소천
신곡현
비지산
선석산
악목
적상
주치
백이동
작내
박집산
사고

16-4 옥천 沃川 연산 連山 익산 益山

중앙 하단에서 금남정맥 산줄기가 북으로 뻗으며 왕사봉~대둔산~계룡산~망월산 등을 빚고 부여 부소산으로 간다. 지도 좌우로 보이는 쌍선의 하천은 모두 금강 본류다.

15-5	15-4	15-3
16-5	16-4	16-3
17-5	17-4	17-3

영아 ☐ 영이 있는 읍치는 표시 안함	읍치 ○무성 ◎유성	성지 ⛰산성 ⛰관성	진보 ☐무성 ☐유성	창고 ■무성 ■유성	목소 圉 牧 場屬
고현 ●◉유성 ◎구읍지유성	고진보 ▲ ⬣유성	역참 ①	방리 ○	능침 ○원내능호	봉수 ▲ 고산성 ⬣ 도로 10리 2 3 4

山龍雞 錦川 금수산 甲川 갑천 增岩 감로산 華山 왕산 嘉峴 城馬 마성산 沃川

南 苟天 峰板 판치 山長産 雞鷄 山 山龍 구봉산 山岩容 밀성산 胎亥 山船 만인산 雞峴 만인산 官峴 궁전산 華西 서화천 峴眠思 사목치 峴大 대성산

半灘 반탄 龍田 용전 峰岡 龍章 山昜 오산 山聖望 망일산 橋 교천 山城營城 성성산 대성산 草浦 초포 沙峴 사현 沙溪 사계 平安 山甑 山北峰 부산 省川 川柳南 유보천 馬峴 猿山鄕 峴坡 파진치 이산 利山

互城 수성천 山作 水陽川 橋皇山 市津 恩津 山岩佛 불암산 坪皐馬 마고평 城外 어성 川里屠居 거사리천 川黃三 山岩花 도솔산 山乇五 王山 진산 水心堂 신천 山往産 달왕산 山鳳飛 비봉산 山廣 금성천

黃浦津 浪津 羅巖 남산포 山蘇湖 소호사 德思 덕은 九老峰 구로치 峙突雲 州全場良郡 전주 山花大 대둔산 橋峙 山正嚴 松隱峙 송인치 山城錦 제림 洛岩 월영산

山舞 무석산 城比 칠성산 龍安 山彩靈 채운산 皇華岾 화양대 山耶摩 마아산 雙溪寺 쌍계사 山垈天 천호산 山加方 가재 山城錦 금성산 소산 郡錦 금마 山進彥 진악산 新川 신음산

山乾未 상마평 山箕三 삼기산 華龍山 용화산 狼山 독수리산 山文殊 문수산 峙門 物峴 山峙雲 운제 山木乭 만목천 雲梯 운제 佛明川 불명천 峙紫 신천 峯月 월성산 師王山 왕사봉 山峯九 구봉산 南濟院 남제원 柯亭 가정자치 津富 부리 利富

山峯八 팔봉산 堤黃 황등제 川錦 綿川 면천 山乾子 건자산 松峯 송치 山鳳 비봉산 岳 익산 州紋 수주 川南 남천 高山 고산 峙栢 축치 山峯九 구봉산 龍潭 용담 山岡龍 용갑산 川成壽 수성천 溪連 호치 虎峴

山順都 도순천 紋州 수주 익산

16-5 부여扶餘 서천舒川 옥구沃溝

'백마강'이라는 이름으로 부여를 지난 금강은 함열 · 한산 등을 지나 서천과 옥구 사이에서 서해로 빠져든다.
현재 금강하구에는 금강대교와 금강하굿둑이 건설되어 있다.

15-6	15-5	15-4
16-6	16-5	16-4
	17-5	17-4

영아 ☐ 영이 있는 읍치는 표시 안함	읍치 ◯무성 ⬭유성	성지 ⛰산성 ⌒관성	진보 ☐무성 ▣유성	창고 ■무성 ◼유성	목소 ⊞ 牧 場屬
고현 ●◉유성 ◎구읍지 유성	고진보 ▲ ⬣유성	역참 ①	방리 ◯	능침 ◯원내 능호	봉수 ▲ 고산성 ⛰ 도로 10리 2 3 4

流 유 　 孝子 효자미

女邑 여음 　 古道 고도 　 納入 눌인 　 代於 어초대 　 木乡 목 　 月 월 　 朹 소 　 六栗

栗 율 　 身 말응 　 應末

毛不 불모 　 靑 청 　 觀音 흥아음 　 鹿 녹 　 央 앙

羅波 파라 　 石大 대석 　 竹立 입죽 　 玉峯 옥미봉 　 海 해 　 九龍川 구룡산 大川 대천 　 浦淸古 청연포 　 梨峴 배현 　 月 月 　 木乡 목

山達通 미조당산 　 藍田 남천읍고읍 　 佛恩 불은 　 大山溪 대산계 　 居次 거차산 　 金陽川 금양천 　 時 時

通造浦 통달산 　 廣岩 광암 　 浦川熊 　 南 남 　 九折坂 구절판 　 山明月 명월산 　 松峴 송현 　 恩山 은산

梁馬 마량 　 羅次巨 거차라 　 황주 竹黃 황죽 　 雁峴 안치 비인 觀音山 증산 　 馬峴 말마치 　 山會飛 앙음고개 　 山鴻飛 비홍산 　 宿鴻 숙홍

山枝漆 칠지산 　 仁邑 　 兩儀 　 山扶蘇 부소산 　 烏山 　 金川邑 금천 　 弥造川 미조천

串屯都 둔두산 　 靑花 청화 　 運枝 어운현 　 道庵橋 도마교 도마교 　 姑老 노고산 　 山德林 덕림산 　 山城周 주성산

山牙月 일아산 　 川鍾 종천 　 古邑 고읍 　 山住聖 성주산 　 山興聖

栢冬 동백 　 刀烏 오도 　 並 병 　 串背長 석교 　 長橋川 서교천 　 山明月 월명산 　 馬山 미산 　 八枝洞 팔지동 　 林川

尾河 하미 　 茅 모 　 山方千 천방산 　 月達令 　 南塘津

障 장 　 山島 오산 　 熟予川 서천 　 山乾 건지산 　 谷紙 지곡

項漳 장항 　 海 해 　 山靈 어치산 　 山崇 숭정산 　 山箕 　 辛谷 신곡 　 華山

牙項 아성 　 山銀雲 운은산 　 邑古 고읍 　 山井崇 　 石橋 석교 　 山里 어리산

竹嶺 노성 　 白沙 백사 　 豆谷 두곡 　 馬吉 마길 　 坪鴨 와야 　 朽浦 　 上之浦

竹堂澤 용당진 　 浦川舒 서천포 　 芽浦 엽평 　 瓦浦 　 伐津 　 海

浦鎭 진포 　 浦支西 서지포 　 馬津 아산 　 能浦 수방산

山蟾岩 섬암 　 群山 도진산 　 刀津 　 山聖五 오성산 　 羅里浦 나리포 　 頭城 재

開也召 개야소 　 山林亞 설림산 　 漕運 조운 　 山智佛 불지산 　 山羅簪 　 山抱蓮 용산

山花 화산 　 山德新 　 山州公 공주산 　 顚巖簪 고진성창 　 山咸 함산

堤米 미제 　 岐 　 天溝 옥구 　 山城鷲 취성산 　 臨陂 임피 　 蘇安 소안 　 山牙枝 방아산 　 坪芳沛 유방평 　 馬浦橋 마포교

食冀 오식 　 山星七 칠성산 　 地壇津 　 狐堤 고산제 　 御 사

16-6 어청 於青

서해 바닷가다. 조선시대에는 모두 충청도 홍주 소속이었으나 지금은 충청도와 전라도로 나뉘어 있다. 어청
도는 전라북도 군산시에 속하고, 외안도(지금의 외연도)와 삽시도는 충청남도 보령시 오천면에 속한다.

	15-6	15-5
	16-6	16-5
		17-5

영아	□ 영이 있는 읍치는 표시 안함	읍치	○ 무성 ◉ 유성	성지	🏔 산성 ⚓ 관성	진보	□ 무성 ▣ 유성	창고	■ 무성 ■ 유성	목소	🏯 牧 場屬
고현	● ◉ 유성 ◎ 구읍지 유성	고진보	▲ 🔺 유성	역참	①	방리 ○	능침	○ 원내 능호	봉수 🔺	고산성 🔺	도로 10리 2 3 4

時插
삽시

茨麻
마차

安外
외안

靑杉
어청

17-1 영일迎日 장기長鬐 경주慶州

영일만으로 인해 구룡반도가 돌출되었다. 좌측 상단에서 낙동정맥이 남쪽으로 뻗어 가며 신라 천 년의 고도
인 경주를 품었다.

16-2	16-1	
17-2	17-1	
18-2	18-1	

영아 ▢ 영이 있는 읍치는 표시 안함	읍치 ◯무성 ◎유성	성지 산성 관성	진보 ▢무성 ▢유성	창고 ■무성 ▣유성	목소 牧 場屬
고현 ● ◉유성 ◎구읍지 유성	고진보 ▲ ◬유성	역참 ①	방리 ◯	능침 ◯원내 능호	봉수 ▲ 고산성 ◬ 도로 10리 2 3 4

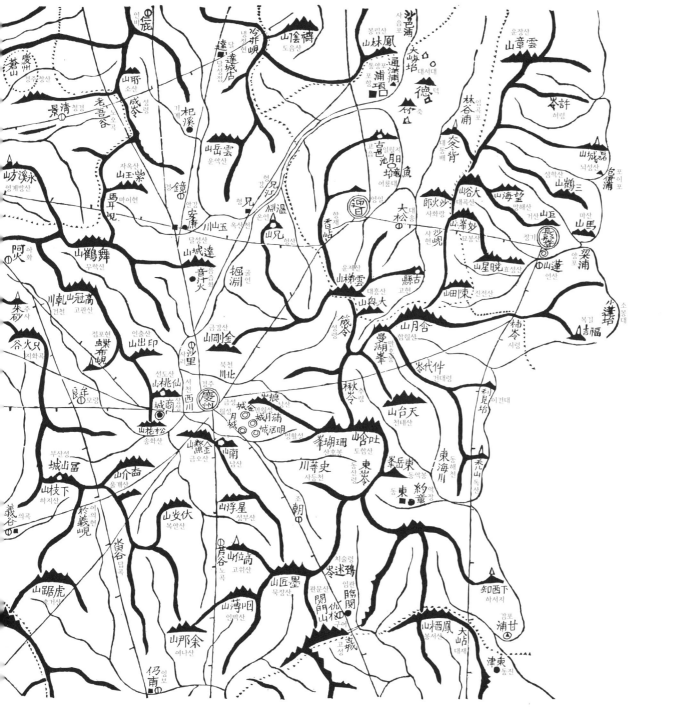

17-2 영천永川 대구大邱 청도清道

좌측의 남쪽으로 흐르는 하천은 낙동강이다. 영천 · 하양 · 경산 · 대구를 지나는 금호강은 서쪽으로 흘러 낙동강과 합류한다.

16-3	16-2	16-1
17-3	17-2	17-1
18-3	18-2	18-1

영아 □ 영이 있는 읍치는 표시 안함	읍치 ○무성 ◎유성	성지 ⛰산성 〰관성	진보 □무성 ▣유성	창고 ■무성 ■유성	목소 圌牧 場屬
고현 ●유성 ◎구읍지 유성	고진보 ▲ ⬣유성	역참 ①	방리 ○	능침 ○원내 능호	봉수 ▲ 고산성 ⛰ 도로 10리 2 3 4

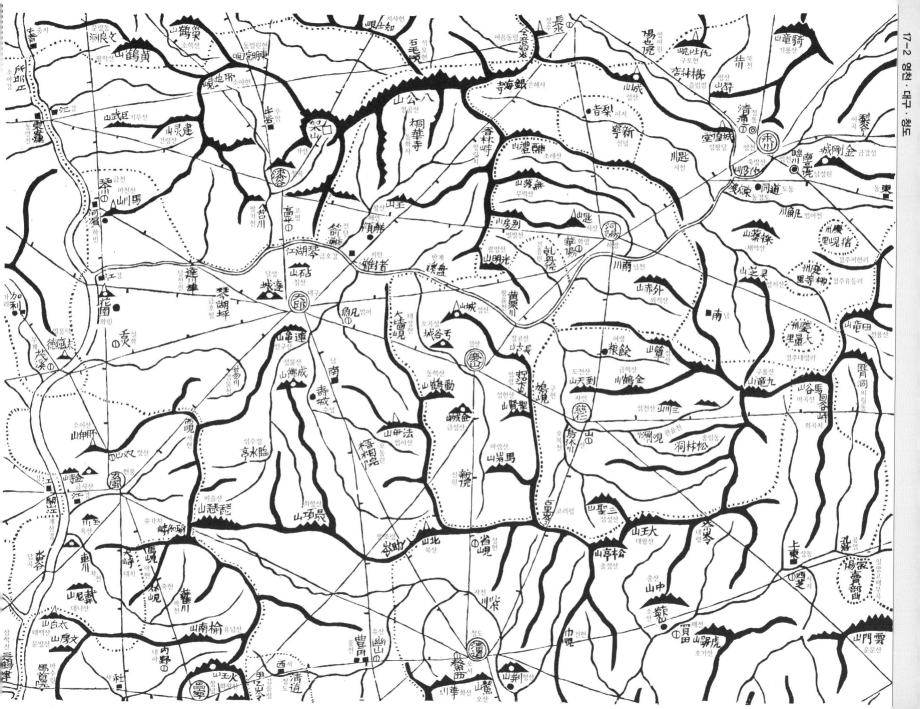

17-3 성주 星州 거창 居昌 합천 陜川

백두대간 줄기가 상단 가운데 부분의 마치에서 덕유산~장안산~영취산을 지나 남쪽으로 뻗어 간다. 덕유산
에서 발원해 거창 · 합천을 지나는 하천은 황강이고, 봉황봉에서 발원해 안의를 지나는 하천은 남강이다.

16-4	16-3	16-2
17-4	17-3	17-2
18-4	18-3	18-2

영아 ▢ 영이 있는 읍치는 표시 안함	읍치 ○무성 ◎유성	성지 산성 관성	진보 □무성 ▣유성	창고 ■무성 ▣유성	목소 ▨ 牧 場屬
고현 ●◎유성 ◎구읍지 유성	고진보 ▲ ▲유성	역참 ①	방리 ○	능침 ○원내 능호	봉수 ▲ 고산성 ▲ 도로 10리 2 3 4

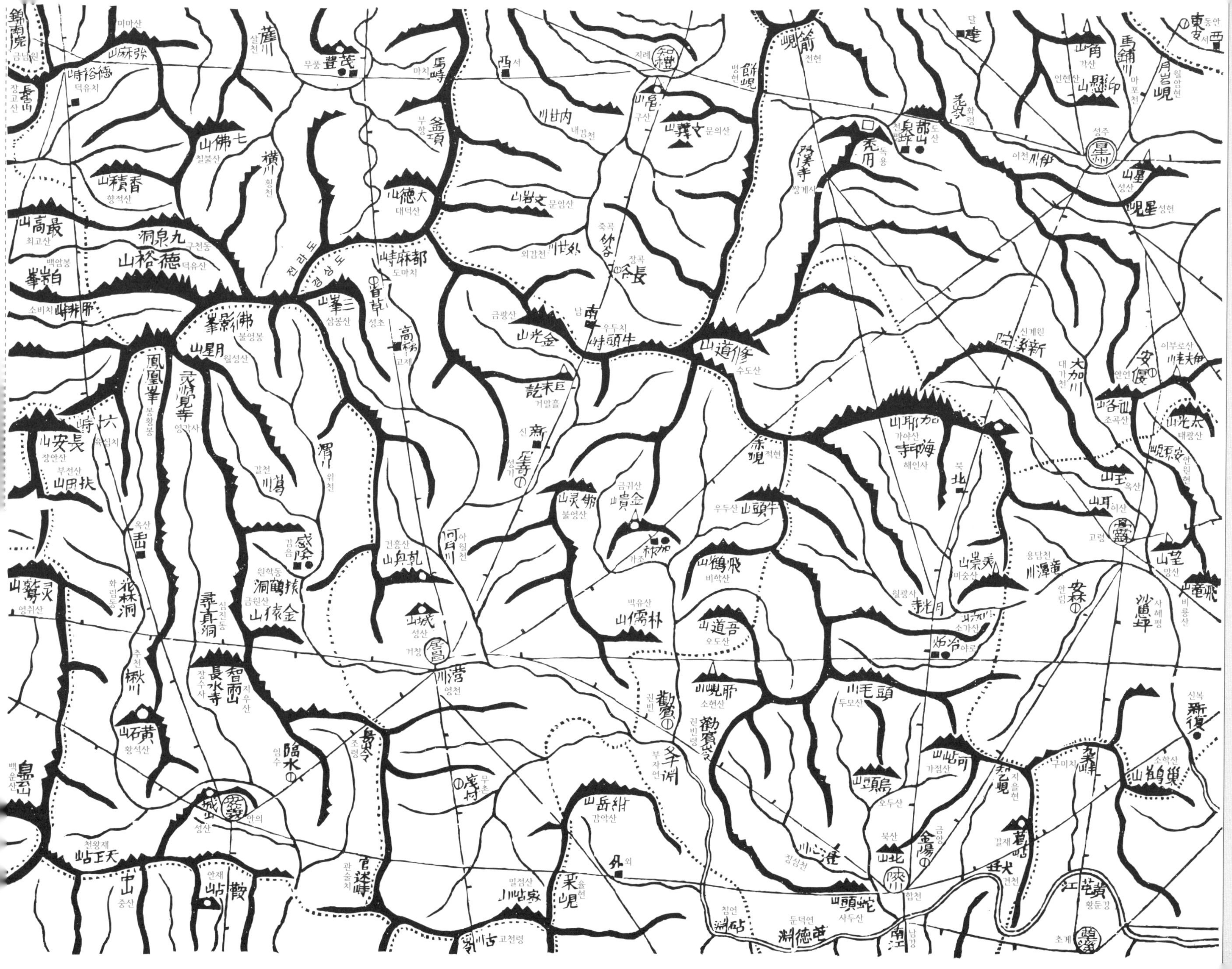

17-4 진안鎭安 전주全州 임실任實

우측 하단은 금남호남정맥이 수분현~성수산~마이산으로 뻗어 나간다. 청록산과 웅치 사이에서 북으로는 금남정맥, 남으로는 호남정맥이 분기한다. 임실을 지나는 하천은 섬진강, 장수를 지나 북으로 흐르는 하천은 금강이다.

16-5	16-4	16-3
17-5	17-4	17-3
18-5	18-4	18-3

영아 ☐ 영이 있는 읍치는 표시 안함	읍치 ◯무성 ◉유성	성지 🏯산성 ▰▰▰관성	진보 ☐무성 ▣유성	창고 ■무성 ■유성	목소 ⊞ 牧 場屬
고현 ●◉유성 ◎구읍지 유성	고진보 ▲ ◬유성	역참 ①	방리 ◯	능침 ◯원내 능호 봉수 ▲	고산성 ◭ 도로 10리 2 3 4

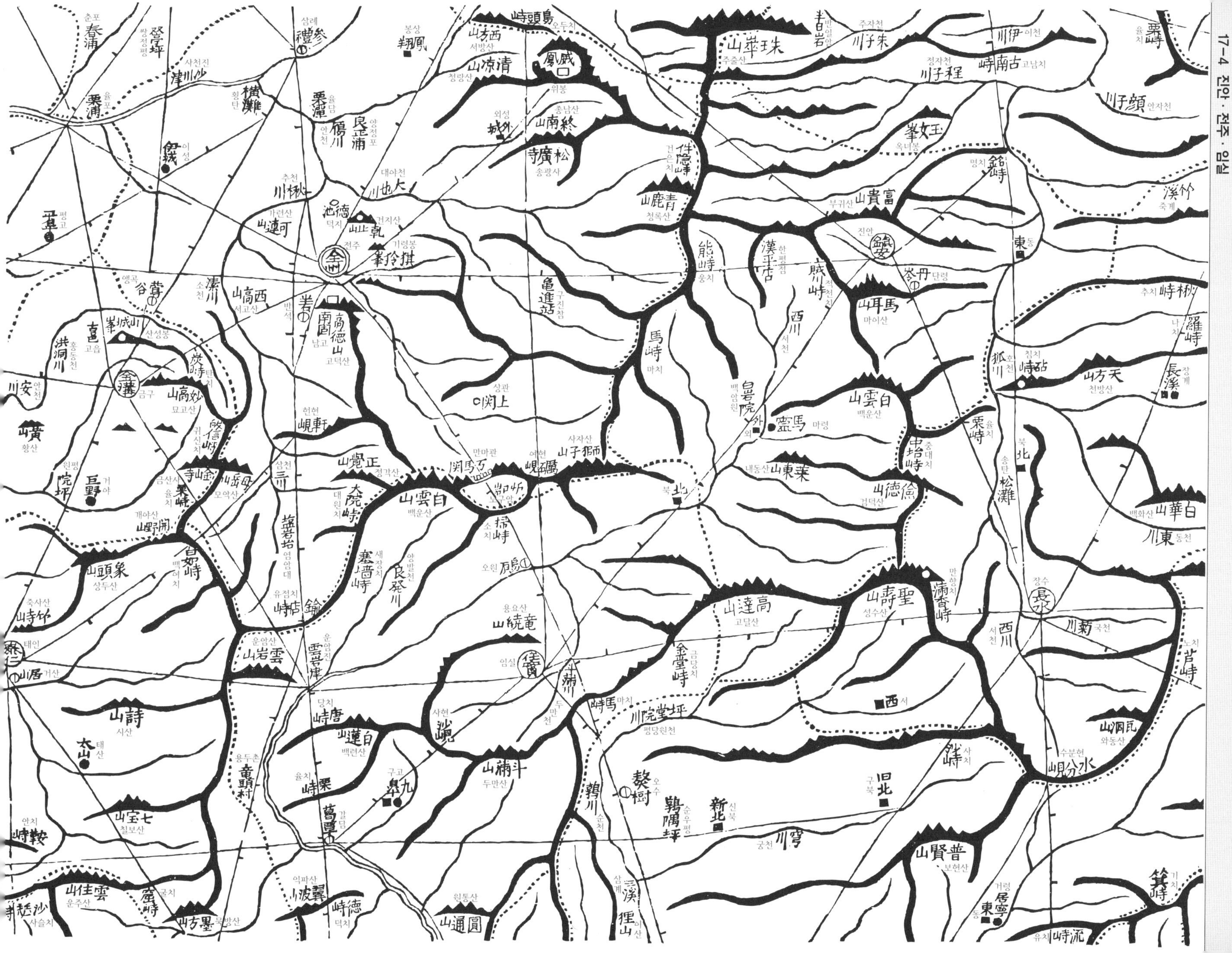
춘포
삼례
봉상
오두치
주줄산
반일암
주자천
이천
율치
쌍정평
서방산
사천진
청량산
위봉
정자천
고남치
율포
황탄
율담
양정포
안천
종남산
외성
안자천
이성
송광사
옥녀봉
추천
대야천
건은치
명치
죽계
평고
가련산
덕지
건지산
청록산
부귀산
진안
전주
기령봉
동
앵곡
소천
서고산
반석
구진참
웅치
한평점
적천치
단령
마이산
추치
산성봉
고읍
홍동천
남고
고덕산
서천
마치
나치
침치
호천
장계
천방산
금구
묘고산
상관
백암원
백운산
마령
안천
황산
귀신치
현현
외
만마관
여현
사자산
중대치
북
송탄
원평
거야
금산사
모악산
삼천
정각산
내동산
검덕산
대원치
노구암
백화산
동천
개야산
소치
새장치
양발천
오원
만향치
장수
상두산
백여치
염암대
유점치
용요산
고달산
성수산
국천
죽사산
태인
운암산
운암진
임실
금당치
노치
거산
당치
사현
두만천
평당원천
서
시산
백련산
와동산
태산
용두촌
구고
두만산
오수
사치
구북
수분현
순천
순우평
신북
안치
칠보산
갈담
궁천
보현산
익파산
원통산
삼계
기치
굴치
운주산
거령
사슬치
묵방산
덕치
여산
유치

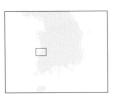

17-5 만경 萬頃 부안 扶安 고부 古阜

김제와 만경 일대는 우리나라 최대의 평야지대라 산줄기를 그리지 않았다. 우측 상단에는 전주를 지나온 만경강이, 그 남쪽에는 정읍과 고부를 지나온 동진강이 서해로 흘러든다.

16-6	16-5	16-4
	17-5	17-4
18-6	18-5	18-4

영아	▣ 영이 있는 읍치는 표시 안함	읍치	○무성 ◎유성	성지	🏔산성 ⛰관성	진보	□무성 ■유성	창고	■무성 ■유성	목소	⊞ 牧 場屬
고현	● ◉유성 ◎구읍지유성	고진보	▲ ◬유성	역참	①	방리	○	능침	○원내능호	봉수	▲	고산성	⛰	도로	10리 2 3 4

山房千 천방산
南山 남산
介舍 쌈개
加乃 가내
草乃 내초
紫衸 자천
峯五 오봉산
山子狐 사자산
只朴 박지산
尾澮 회미
新 신
童子浦 동자포
城利 이성
子樂 옥아
沃野 야옥
津倉新 신창진
山立 입석산
山石卧 와석산
山子莊 장자산
浦沙古 고사포
鳫飛 비응

峯二十 십이봉
末蘭 난말
群山島 군산도
山群古
月影 월영산 대
建橫 횡건
交 쎼
芝古 고지
媚步 외보
三 삼
柿 독
峯子莊 장자봉

内軒 허내
地望 망지
家차 가외
火界 계화
凡 범
鳩 구
里豆 두리

山吉中 길곶산
埠群 군평
釜浦 부포
潤富
橋育禾 김제
山僧伽 승가산
山哉 성산
山鳳進 진봉산
萬頃 만경
堤陵 능제
山牛 우산

山佛石 석불산
海浦信長 장신포
沙浦 사포
山邊上 상산산
山安幸 앵안산
扶安 부안
東津 동진
海鳴喚 명랑산
大棨
山僧伽

里月古 월고리
浦格 벽포
岩金禹 우금의
岩座摩 마천 대좌암
山隱靈 영은산
山吟首 수랑산
橋正終 종정신
山洞道 도동산
浦極太 태극포
橋浦狐 호포교
堤碧間 벽골제
城玫

山邊 변산
浦毛黔 제안포
淵熊 웅연
浦濟安 제안포
浦古富安 부안고부
三浦 삽포
浦柳 유포
保安社 보안
岐墨 묵방리
瀾泉 영원
山帽
山佑 백산
海
山吉天 천태산
山光岩
梨坪 이평

登王上 상왕등
登王下 하왕등
竹 죽
舞 무
山光 사진포
亭白冬 동백정
沙津浦 사진포
沙海 해
訥堤
山斗升 두승산
山望帝 망제산
山淨土 정토산
山德屋 덕성산
掃川 적천
北川 북천
長橋
城峙 안치
義仁 인의

竹大 대죽
竹小 소죽
浦耶鷹 소응포
山雲禪 선운산
沙長 장사
山遙道 소요산
興德 흥덕
烏川 오천
培風峙 배풍치
山水光 수광산
俠里峙 숙리치
栗峙 율치
蟹川 해천
恩支院 영지원
茂邑 장정읍
山鷹 응산
山東桂 계동산
卦石店 와석점
木梯川 초산
山楚

18-1 울산 蔚山　언양 彦陽　양산 梁山

좌측 상단의 고헌산~가지산~취서산은 낙동정맥 산줄기다. 양산 서남쪽에는 낙동강이 살짝 모습을 드러낸다. 언양에서 울산을 지나 동해로 흐르는 하천은 대화강(지금의 태화강)이다.

17-2	17-1	
18-2	18-1	
19-2	19-1	

영아 □ 영이 있는 읍치는 표시 안함	읍치 ○무성 ◎유성	성지 🏔산성 ⛰관성	진보 □무성 ◻유성	창고 ■무성 ■유성	목소 🏢 牧 場屬
고현 ●◉유성 ◎구읍지 유성	고진보 ▲ ⬥유성	역참 ①	방리 ○	능침 ○원내 능호	봉수 ▲ 고산성 ⬥ 도로 10리 2 3 4

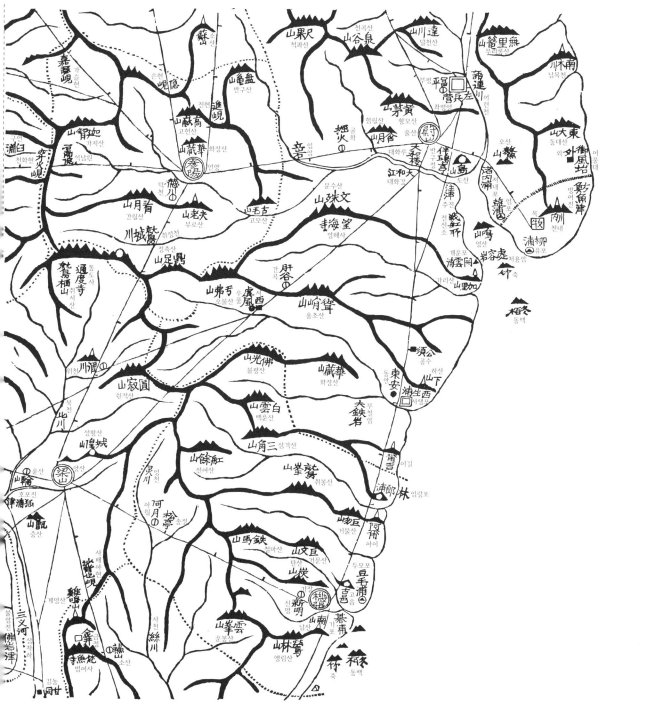

18-2 밀양密陽 김해金海 창원昌原

좌측 상단에서 동남쪽으로 흐르는 하천은 낙동강이고, 용화산 근처에서 진주 남강이 합류한다. 낙동강 남쪽
의 여항산~광려산~천주산~분산을 잇는 산줄기는 낙남정맥이다.

17-3	17-2	17-1
18-3	18-2	18-1
19-3	19-2	19-1

영아	☐ 영이 있는 읍치는 표시 안함	읍치	◯ 무성 ◉ 유성	성지	🏔 산성 ⛰ 관성	진보	☐ 무성 ◻ 유성	창고	◼ 무성 ◼ 유성	목소	🏯 牧 場屬
고현	● ◉ 유성 ◎ 구읍지 유성	고진보	▲ ⛰ 유성	역참	①	방리	◯	능침	◯ 원내 능호	봉수	▲	고산성	▲	도로	10리 2 3 4

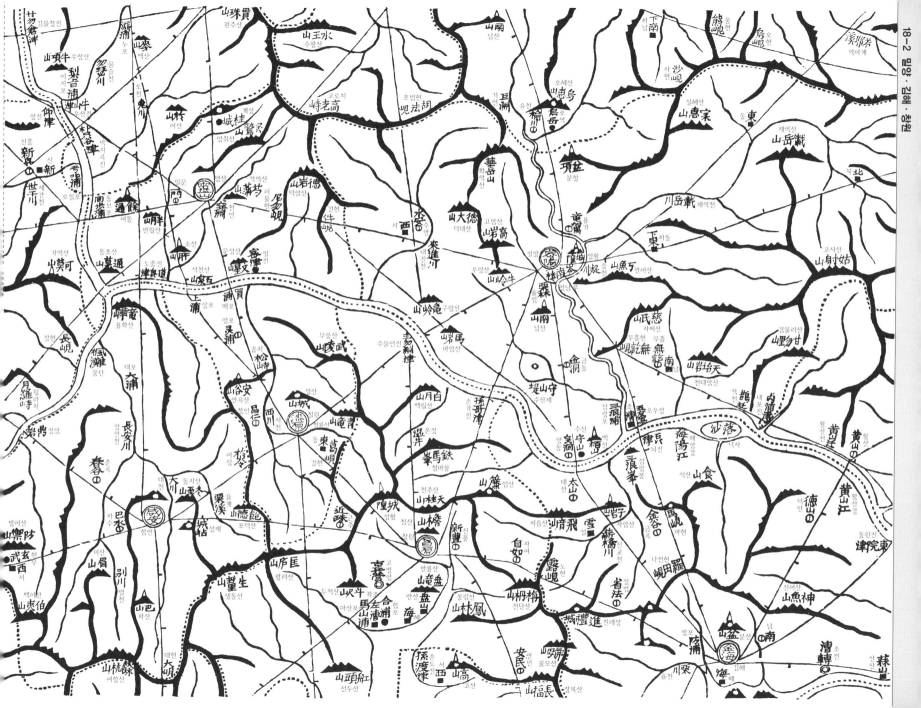

18-3 함양咸陽 의령宜寧 진주晉州

지리산 천왕봉이 좌측 가운데에 보인다. 좌측 하단 귀퉁이에 살짝 보이는 물줄기는 섬진강이다. 좌측 상단의 함양을 지나는 남강은 산청·단성·진주를 지나 낙동강에 합류한다.

17-4	17-3	17-2
18-4	18-3	18-2
19-4	19-3	19-2

영아	□ 영이 있는 읍치는 표시 안함	읍치	○무성 ◉유성	성지	산성 관성	진보	□무성 ▣유성	창고	■무성 ▣유성	목소	牧 場屬
고현	● ◉유성 ◎구읍지 유성	고진보	▲ ⬤유성	역참	①	방리 ○	능침 ○ 원내 능호	봉수 ▲		고산성	도로 10리 2 3 4

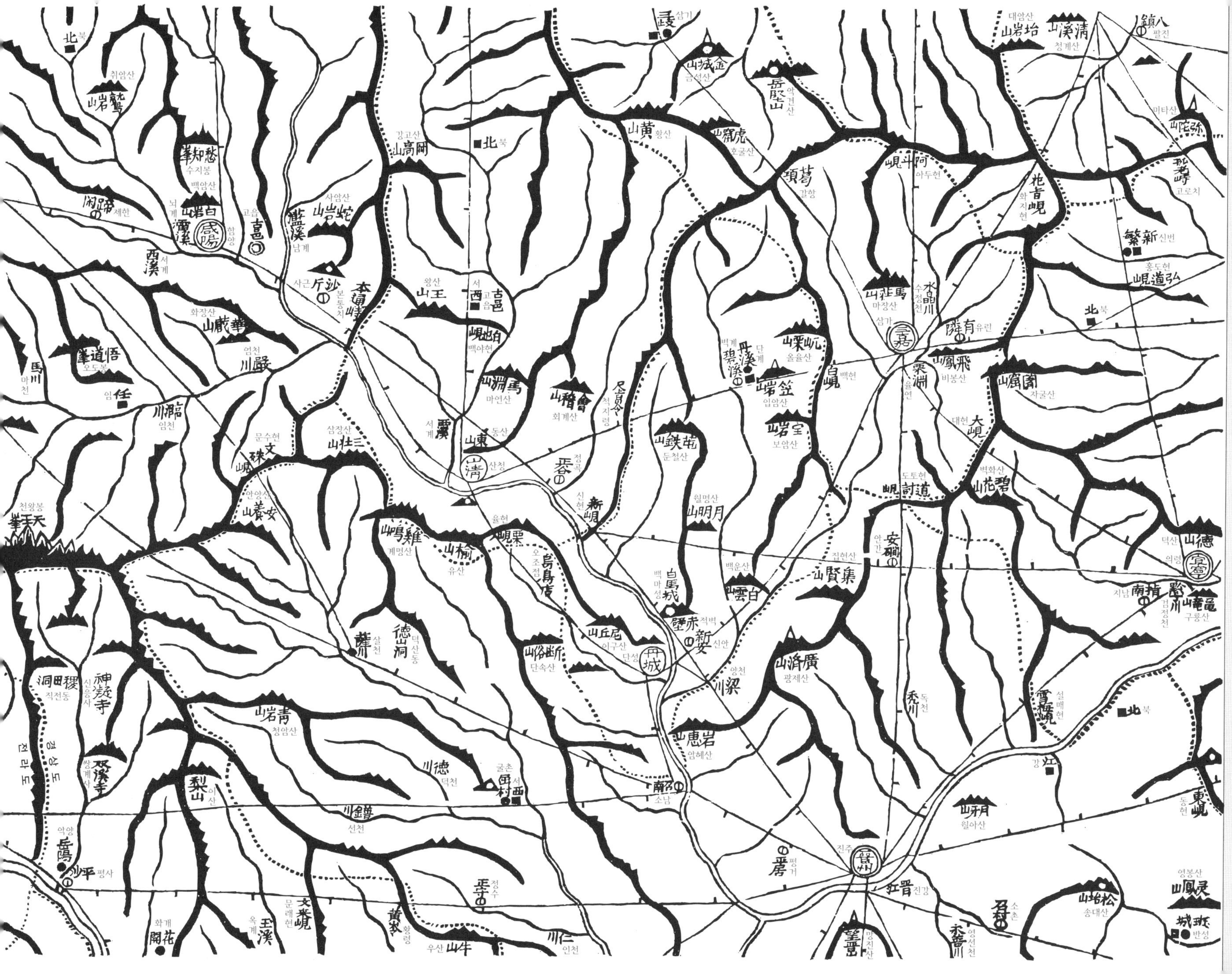

18-4 남원南原 구례求禮 담양潭陽

지도 한복판에서 동남쪽으로 흐르는 강물은 섬진강이다. 이 하천은 비래산 부근에서 보성강을 받아들인다.
운봉 서쪽에서 지리산으로 뻗어 가는 굵은 산줄기는 백두대간이다.

17-5	17-4	17-3
18-5	18-4	18-3
19-5	19-4	19-3

영아 ☐ 영이 있는 읍치는 표시 안함	읍치 ◯무성 ◎유성	성지 산성 관성	진보 ☐무성 ◻유성	창고 ■무성 ▦유성	목소 ▦ 牧 場屬
고현 ● ◉유성 ◎구읍지 유성	고진보 ▲ ◮유성	역참 ①	방리 ◯	능침 ◯원내 능호	봉수 ▲ 고산성 ◭ 도로 10리 2 3 4

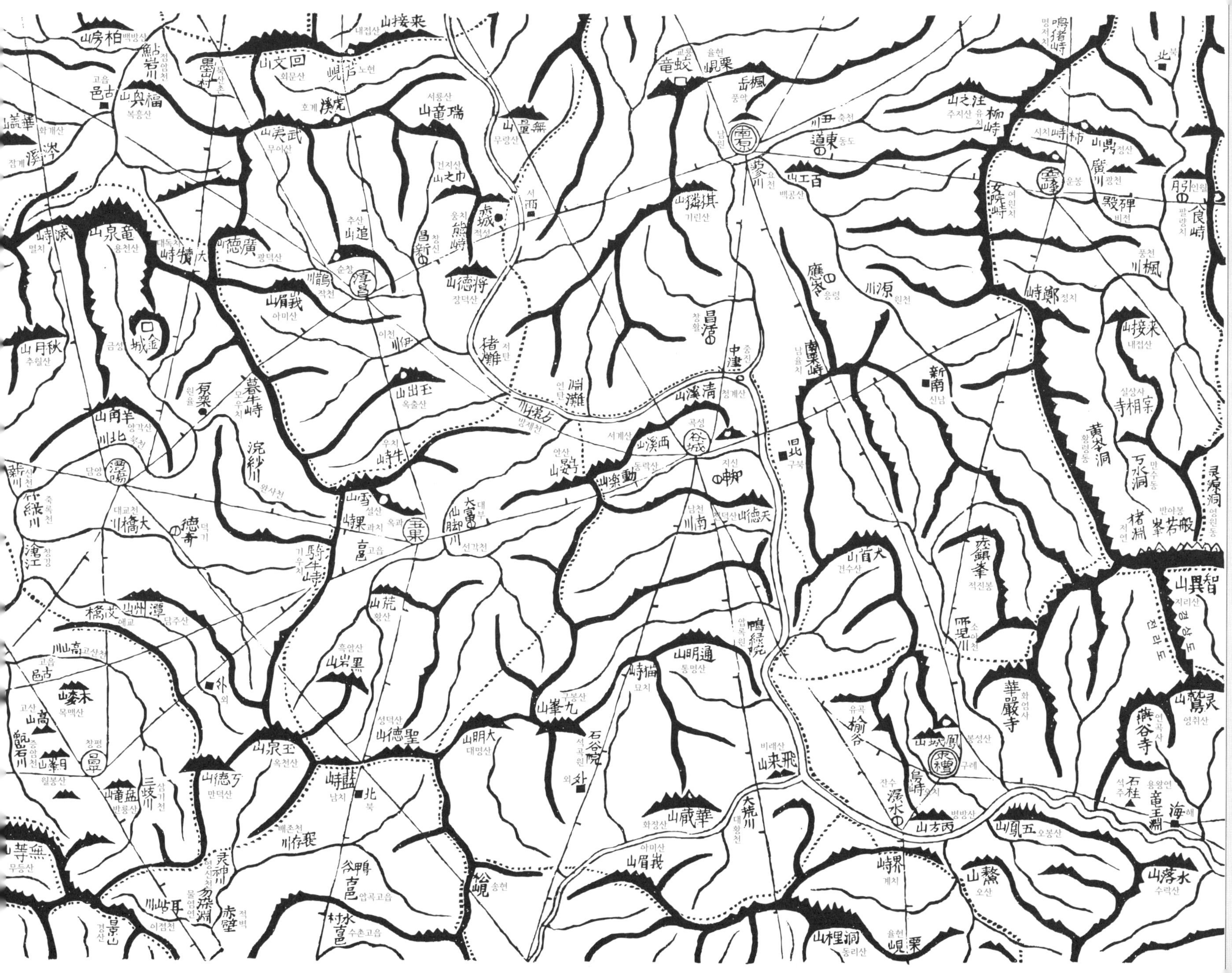
담양
순창
곡성
옥과
구례
창평

18-5 고창高敞 영광靈光 광주光州

우측 상단에서는 호남정맥이 갈치에서 내장산을 지나 백암산에서 동남으로 빠져나간다. 그 남쪽은 광주를 지난 영산강이 장성의 황룡강을 받아들여 나주를 향해 흐른다.

	17-5	17-4
18-6	18-5	18-4
19-6	19-5	19-4

영아 ☐ 영이 있는 읍치는 표시 안함	읍치 ○무성 ◎유성	성지 🏔산성 ⛰관성	진보 ☐무성 ▨유성	창고 ■무성 ■유성	목소 ⊞ 牧 場屬
고현 ●◉유성 ◎구읍지 유성	고진보 ▲ ⬟유성	역참 ①	방리 ○	능침 ○원내 능호	봉수 ▲	고산성 ⛰	도로 10리 2 3 4

18-6 지도智島 임자도荏子島

전체가 섬 지역으로 보이지만, 우측 하단의 임치진은 전라도 무안의 육지와 연결된 해제반도의 끝자락이다.
섬이었던 지도는 근래에 방조제로 연결되면서 육지가 되었다. 전증도(지금의 증도)는 염전으로 유명한 섬이다.

		17-5
	18-6	18-5
	19-6	19-5

| 영아 ☐ 영이 있는 읍치는 표시 안함 | 읍치 ○무성 ◎유성 | 성지 ⛰산성 〰관성 | 진보 ☐무성 ▣유성 | 창고 ■무성 ▣유성 | 목소 囿 牧 場屬 |
| 고현 ●유성 ◎구읍지 유성 | 고진보 ▲ 유성 | 역참 ① | 방리 ○ | 능침 ○원내 능호 | 봉수 ▲ | 고산성 ▲ | 도로 |

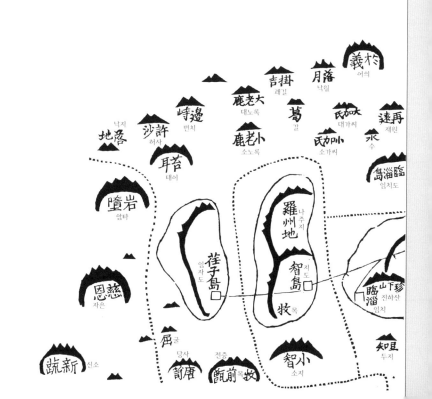

義柠 어의
吉掛 괘길
月落 낙월
鹿老大 대노록
葛 갈
氏加大 대가씨
遠再 재원
峙邊 빈치
沙許 허사
鹿老小 소노록
氏加小 소가씨
永 수
地落 낙지
耳苔 태이
島淄臨 임치도
隍岩 암타
羅州地 나주지
慈恩 자은
荏子島 임자도
智島 지도
臨淄山下珍 진하산 임치
牧 목
尾 굴
智小 소지
知豆 두지
疏新 신소
筍唐 당사
甄前牧 전증 목전

19-1 동래 東萊

지금의 부산 지역이다. 낙동정맥이 선암산~엄광산~승악산을 지나 몰운대로 이어진다. 경상도 좌수영, 해안가의 진보들, 왜인들이 거주하는 초량왜관 등이 보인다.

18-2	18-1	
19-2	19-1	
20-1		

영아	□ 영이 있는 읍치는 표시 안함	읍치	○ 무성 ◉ 유성	성지	🏯 산성 ⛩ 관성	진보	□ 무성 ▣ 유성	창고	■ 무성 ▣ 유성	목소	🅱 牧 場屬
고현	● ◉ 유성 ◎ 구읍지 유성	고진보	▲ ⬤ 유성	역참 ①	방리 ○	능침 ○ 원내 능호	봉수 ▲	고산성 ⛰	도로	10리 2 3 4	

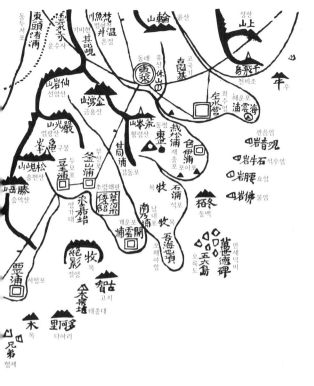

19-2 웅천熊川 진해鎭海 고성固城

우측 상단은 낙동강 하구이고, 상단 가운데의 움푹 들어간 바다는 마산만이다. 지도의 진해는 지금의 창원시
진북면 고현리며, 벚꽃으로 유명한 진해시는 웅천 북쪽의 망운대 근처다.

18-3	18-2	18-1
19-3	19-2	19-1
20-2	20-1	

영아 ☐ 영이 있는 읍치는 표시 안함	읍치 ○무성 ◎유성	성지 ⛰️산성 ⛰️관성	진보 ☐무성 ▣유성	창고 ■무성 ■유성	목소 ⊞ 牧 場屬
고현 ●◎유성 ◎구읍지 유성	고진보 ▲ ⬤유성	역참 ①	방리 ○	능침 ○원내 능호	봉수 ▲	고산성 ⬤	도로 10리 2 3 4

多富 부다
常令 상령
鎭海 진해
山石積 적석산
山牛 우산
東萊 동래
德山浦 덕산포
東城 동성
余項浦 여항포
茶峴 적현
椿 저
望雲臺 망운대
惠濟浦 혜제포
風德浦 풍덕포
莞浦 완포
堅 견
德 덕
竹 죽
七野山 칠야산
野 야
蛇頭 사두
山達朴 박달산
笑凡大 대범의
酒大 대주
馬 마
材木 대목
九泉浦 구천포
熊川 웅천
栗峴 율현
山月明 명월산
鳴旨島 명지도
時落浦 시락포
鎭海 해진
山背牛 우배치
峙 치치
小凡笑 소범의
酒小 소주
竹小 소죽
熊浦 웅포
安骨浦 안골포
山人夫 부인산
金爭 금쟁
盛皐塩煮 자염최성
場沙白 백사장
梁岩 안암
山花大 대둔산
屯背 배둔
栗川 율천
山湖 곡산
山牧婢 비녀
葡萄 포도
椿 저
熊島 백산
松 송
水 수
禄浦 녹포
梁岩 야화
應峯峯 응봉
山城 성
松道 송도
山南 남산
濟民 제민
南村 남촌
山碧 벽산
德論老 노론덕
聆小 소광이
椿 저
多利 이물
竹 죽
加德 가덕
多大浦 다대포
雲坮 운대
古里 고리
竹 죽
山天 천치
阿伯 하백
落時 시락
川藻牧 칠천목
景登 구영등
景羅路 조라포
山大金 대금산
浦長 장목
牧 목
角 각
東萊 래
山方掛 괘방산
助加牧 가조목
山省 생산
柚 유
天城 천성
山螺 우산
春元 춘원
比巴 비파
岐德古 둔덕기
浦登永 영등포
沙 사
牛島浦 옥림산
統營 통영
見乃梁 건내량
蘇門 소문
紙 지
渚 조
浦芋沙 사량포
古縣 고현
柚 유
統洗兵館 세병관
山方以 이방산
龍鷄山 계룡산
海終 종해
巨佐 좌거
餉 향
布閣峴 포동현
牧 목

19-3 사천 泗川 곤양 昆陽 남해 南海

좌측의 남류하는 하천은 섬진강이다. 곤양 땅과 남해도 사이의 노량은 이순신 장군의 마지막 바다다. 이곳에는 현재 남해대교가 놓여 있다. 남해도와 창선도, 창선도와 사천은 다리로 연결되어 있다.

18-4	18-3	18-2
19-4	19-3	19-2
20-3	20-2	20-1

영아	▣ 영이 있는 읍치는 표시 안함	읍치	○무성 ◎유성	성지	산성 ᴗᴗ 관성	진보	□무성 ▣유성	창고	■무성 ▩유성	목소	圈 牧 場屬
고현	● ◉유성 ◎ 구읍지 유성	고진보	▲ ◬유성	역참	①	방리	○	능침	○원내 능호	봉수	▲	고산성	⛰	도로	10리 2 3 4

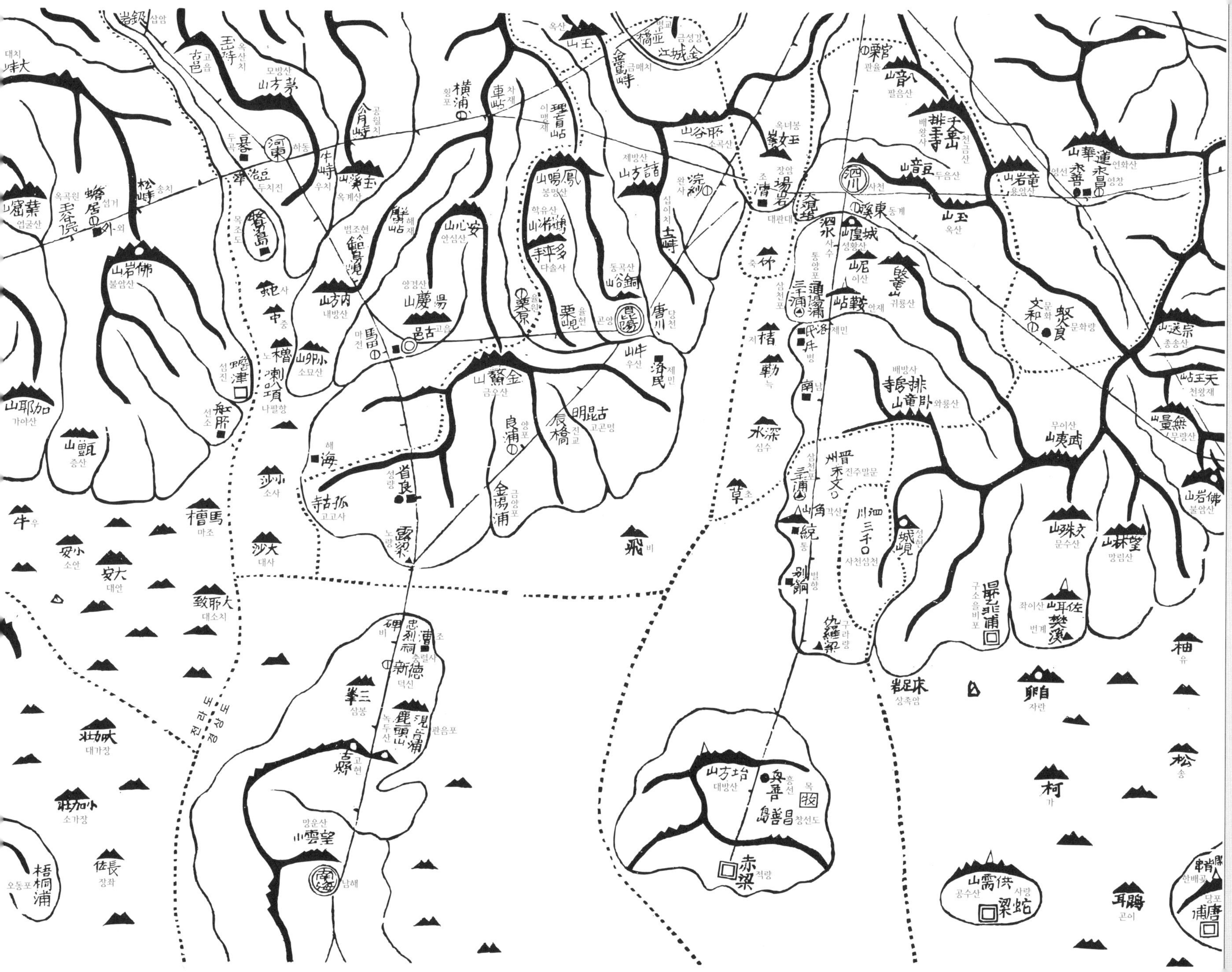

19-4 순천順天 낙안樂安 보성寶城

좌측에서는 보성강이 섬진강에 합류하기 위해 동북으로 흘러간다. 우측 하단에는 여수반도가 길게 동남으로 뻗어 있다. 그 좌측은 순천만이고, 우측은 광양만이다.

18-5	18-4	18-3
19-5	19-4	19-3
20-4	20-3	20-2

영아 ☐ 영이 있는 읍치는 표시 안함	읍치 ○무성 ◎유성	성지 ⛰산성 〰관성	진보 ☐무성 ■유성	창고 ■무성 ■유성	목소 🔲 牧 場屬
고현 ●◉유성 ◎구읍지 유성	고진보 ▲ ⬣유성	역참 ①	방리 ○	능침 ○원내 능호 봉수 ▲	고산성 ⛰ 도로 10리 2 3 4

川迸 黑崎 흑토재 흑석재
岩西 城烏 오성산 天迸川 대암천
岡路峙 주로치 서암 천상정 옹성 검천 모후산 雪霄峙 運일치 검부
同福 동복 母后山 富黔峙 大光寺 태광사
天雲山 천운산 童眼淵 용안연 천봉산
猪岾 저티 九峰山 구봉사 天鳳山 天元峙 대원치
山峯中 중봉산 峙斗 두치 仙岩寺 선암사 鐥院 선원원
白天山 천백산 조계산 富有 부유
松廣寺 송광사 松峴峙 송원치
雙岩 쌍암 大安寺 대안사
白雲山 백운산 도솔산
雜白山 계족산 玉龍寺 옥룡사
王龍寺 중흥산 熊峙
松峴 松溪 강성당
圓山 천천 順天 순천
海龍山 용두포 廣德堂 인제산
古邑城 고읍성 光陽 光陽 건대산
峙界分 분계치 銅店 동점
金鰲山 금오산 樂安 낙안 天峙 대치
洛月 낙월 화치산 成惡山 대치산
良栗 양율
海 外 海
金華山 금화산 澄光寺 징광사
善根川 선근천 伐橋 벌교 華陽山
華桐寺 동화사 開雲山 옥산
雲月山 童頭浦 첨산
尊者山 존자산 炭峙 탄티 上
眞石浦 진석포 加所浦 海 선소
友妹甥 남매우
德山 정자천 德亭川 덕산정
寶城 보성 慶中山 몽중산
智來山 지래산 松 태송 島偉牧 장도목
擎天 천지 士仇末 말구지
越介山 오개산 馬峙 마치
谷尖山 첨산 音朗 일음 大汝音注 대여음주
靑波 조양 陽兆 조양 倭津浦 왜진포
小汝音注 소여음주
川汝大 대여자
正興寺 정흥사 安渡浦 어파포 海渡 세진포
師子山 사자산 五峰山 오봉산 錦城山 금성산 南場
界半山 계반산 加耶山 가야산 楽多 다락골
栢冬 동백 竹 죽 多沃 다옥
妹甥 남매 峙鉢多 삼발치

上牛山 삼우산 松
吉 길 次居 거차 代 대
苗蜀 묘도
牛頭浦 첨산 尖山 弓 궁
岸沙 사안 橋須 장고
獐 노루 庇 녹
介末 말개 德保場 덕보장
罷水 파수 進社山 진사산
山社進
興國寺 흥국사
靈鷲山 영취산
左水營 좌수영
萬興寺 만흥사 華場
將軍 장군

19-5 나주羅州 영암靈岩 장흥長興

우측 상단에서 서남으로 흐르며 나주를 지나 목포로 흘러드는 하천은 영산강이다. 우측 하단으로는 탐진강이
장흥 · 강진을 지나 바다로 흘러간다. 그 동쪽의 벽옥산~용두산은 호남정맥이다.

18-6	18-5	18-4
19-6	19-5	19-4
20-5	20-4	20-3

영아	□ 영이 있는 읍치는 표시 안함	읍치	○무성 ◉유성	성지	⛰산성 🏔관성	진보	□무성 ⊡유성	창고	■무성 ▣유성	목소	🏠 牧 場屬
고현	● ◉유성 ◎구읍지 유성	고진보	▲ ▲유성	역참	①	방리	○	능침	○원내 능호	봉수	▲	고산성	▲	도로	10리 ⊢2⊢3⊢4

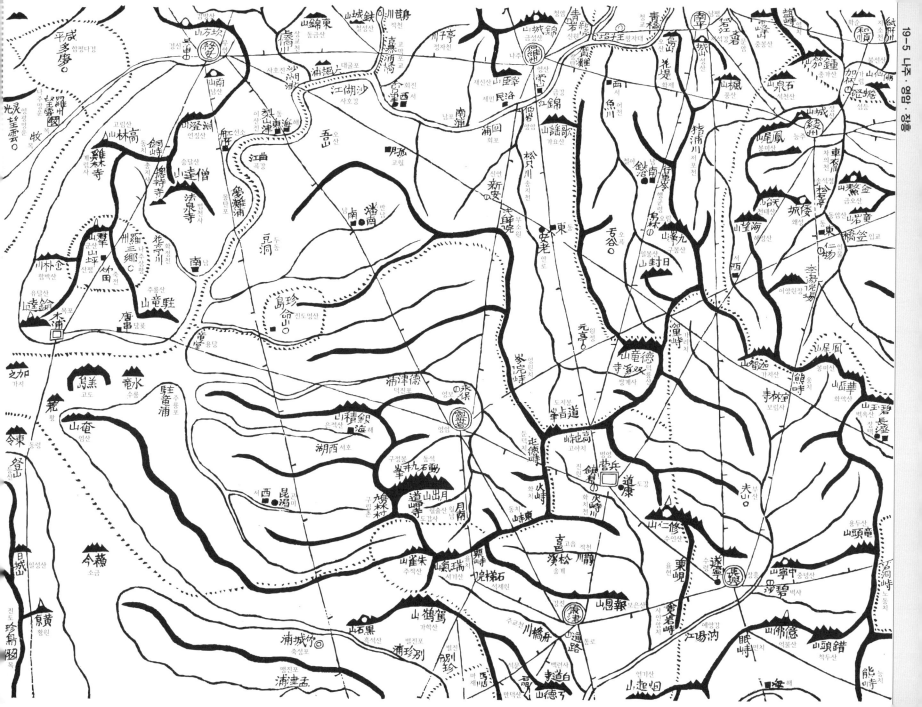

19-6 다경포 多慶浦 흑산도 黑山島

우리나라 서남 해안의 다도해 지역이다. 지도의 대흑산은 지금의 흑산도, 지도의 흑산도는 지금의 우이도, 지도의 가가도는 지금의 가거도다. 다도해 섬들은 위치와 크기, 거리 등이 실제와 많이 다르게 표현되어 있다.

	18-6	18-5
	19-6	19-5
	20-5	20-4

영아 ☐ 영이 있는 읍치는 표시 안함	읍치 ○무성 ◎유성	성지 ⛰산성 ⛰관성	진보 ☐무성 ■유성	창고 ■무성 ■유성	목소 ⊞ 牧 場屬
고현 ●◉유성 ◎구읍지 유성	고진보 ▲ ⛰유성	역참 ①	방리 ○	능침 ○원내 능호	봉수 ▲ 고산성 ⛰ 도로 10리 2 3 4

頭上 상두리
頭下 하두리
甑後牧 후증목
風屏 병풍
岾蟬 선재
苫長 장자
暮入 입막
飛禽島 비금도
蘭草 초란
土道 도사
大廣 광대
耴牧 고이목
大魯 노대
黙牛 우묵
甫八 팔이
花梅 매화
之陸 주지
帽笠 입모
海 해
多慶浦 다경포
致愁 수치
昌安 연창
致沙 사치
歷 역
竹 죽
驛 역
開牛 우개
牪扶 부소
佐其 기좌
押海 압해
許沙 허사
介 개
士苔 태사
疊牛 우첩
只朴 박지
牧 목
雲望 망운
屹如 여흘
沙加 가사
白花嶼 백화서
牛 우
也大 대야
草都 도초
長山 장산
琵球 구슬
出竜 용출
柄長 장병
牧 목
達內 내달
下高 고하
致景 경치
竹 죽
柄問 문병
松 송
뒤半 반월
邑沙 사읍
今莫 막금
達外 외달
蘭加 가란
耳達 달이
每詭 엇매
拜大 대배
拜小 소배
羅者 자라
島山黒 흑산도
大黒山 대흑산
本牛耳島 본우이도
小牛耳 소우이
荷衣 하의
小箕 소기
訥 돌
露 노
絞 교
薪 신
大箕 대기
獐 장
紅衣 홍의
苔上 상태
可佳 가가
牛岳 우악
苔下 하태
竹 죽

20-1 거제 巨濟

가운데에 불쑥 나온 땅은 거제도 남부 지역이다. 남쪽 바다 건너의 매매도는 지금의 매물도인데, 실제 거리보다 가깝게 표현되어 있다. 지금의 한려해상국립공원 일대다.

19-3	19-2	19-1
20-2	20-1	

영아	영이 있는 읍치는 표시 안함	읍치 ◯무성 ◉유성	성지 산성 관성	진보 ☐무성 ▣유성	창고 ■무성 ■유성	목소 牧 場屬
고현 ● ◉유성 ◎구읍지유성		고진보 ▲ ▲유성	역참 ①	방리 ◯	능침 ◯원내능호	봉수 ▲	고산성 ▲	도로 10리 2 3 4

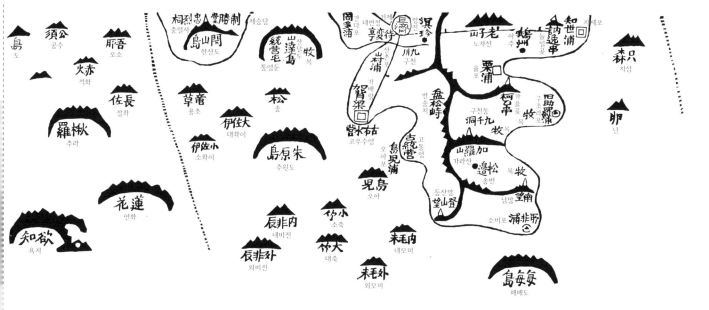

20-2 금산錦山 돌산도突山島

남해도의 남부 지역으로서 상주포 서쪽은 앵강만이고, 동남쪽 끄트머리는 미조항이다. 좌측 상단의 돌산도는
현재 돌산대교와 거북선대교로 여수반도와 연륙되어 있다.

19-4	19-3	19-2
20-3	20-2	20-1

영아 □ 영이 있는 읍치는 표시 안함	읍치 ○무성 ◉유성	성지 🏔️산성 ⛩️관성	진보 □무성 ▣유성	창고 ■무성 ■유성	목소 🏞️ 牧 場屬
고현 ●◉유성 ◎구읍지유성	고진보 ▲ ⬢유성	역참 ①	방리 ○	능침 ○원내능호	봉수 ▲	고산성 ⛰️	도로 10리 2 3 4

240

多甘
감물

牧
목

突山島
돌산도
돌산

●峡
突山

踏防
방답

松
송

盖
개

里多
다리

只伊小
소이지

大伊只
대이지

鉵乃大
대내벌

鉵乃小
소내벌

着横小
소횡간

着横大
대횡간

島磨巨
거마도
松封山
송봉산

平浦
평산포
平山
평산

屹耶山
소흘산

원산 山榛

성현 峴城

浦曲
곡포

蘭浦
난포

平山浦
평산포

구정봉

牛峴
우현

座峯
우외신공

山錦
금산

山封松
송봉산

咄雲
설천

竹
죽

麻
마

昆
정

岩門
문암

沙
사

石
석

樗
조

尊世
세존

竹
죽

榛
노

凍串
동천신공

牧
목

島
조

葛
갈

상주포

浦州尚
상주포

牧
목

구미조창

梟
項助弥
미조창 項助弥

영상 上岑

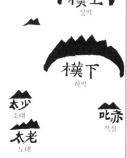

橫上
상박

橫下
하박

叱赤
적질

太少
소태

太老
노태

20-3 흥양 興陽

지도 가운데에는 고흥반도가 불가사리나 오이꽃처럼 펼쳐져 있다. 그 우측으로는 순천만 너머 여수반도의 화양면이고, 좌측은 보성만(득량만) 너머 장흥 땅과 그 앞바다다.

19-5	19-4	19-3
20-4	20-3	20-2
21		

영아	☐ 영이 있는 읍치는 표시 안함	읍치	○ 무성 ◎ 유성	성지	🏔 산성 ▱ 관성	진보	☐ 무성 ▢ 유성	창고	■ 무성 ▣ 유성	목소	🅑 牧 場屬
고현	● ◉ 유성 ◎ 구읍지 유성	고진보	▲ ◭ 유성	역참	①	방리	○	능침	○ 원내 능호	봉수 ▲	고산성 ◮	도로 10리 2 3 4

古里峙 고리치　全日山 전일산

香牛 우기　姑 고　晄老 노일　薪水 수약　牧 목

木 목　中侍 시중　訃 백길　赤甫 적이　早發 조발　大加氏 대가씨

帳衲 장내곳 牧 목　杜才 장재 牧 목　枯有 고유　金岱山 금대산

八灵山 능가산　豆音방 두음방　小加氏 소가씨　大鯨 대경　鹿安 안록

放老 노력　來德 내덕 牧　羅伐 벌라　苷頭 두원　首芚山 간둔산　松峴 송현　楞伽寺 능가사　呂島 여도　梧桐 오동　老伊 이노　小鯨 소경

修德山 수덕산　所伊山 소이산　雲岩山 운암산　內項 내항　白也 백야　太愁 수태

童 동　武陽 흥양　狼 낭　花 둔　珠金 금주　齊里 제리

日山 산일　吾母山 오모산　蟲 봇돌암　安 안　大花 대화

金堂 금당　張機山 장기산　曹溪山 조계산　鳳凰山 봉황산　海 해　林米 목미　曾子 증자　小花 소화

斗里 두리　平沙 사평　喜浦 고음포　栗峴 율현　馬北山 마북산　雲八 운팔이

平日山 송봉산　身 신　道陽 도양 牧　吾亇 오마　天灯山 천등산　豊安 풍안　蛇渡　猪 서　外項 외양

松封山　橫者 횡간　鹿島 녹도　上綴 상하　道化 도화　和德山 화덕산

舊巖 구목　長 장　鹿牧 소록　下蝦 하하　別鶴山 벽학산　榆米山 유주산　素山 안산　花 화　蛙 와

黃帝 횡제　才朴 장재　小松 소송　松 송　治 치　鉢浦 발포　金家 금가　內羅老 내나로 牧　九令 구령

鴽 가　蒲島 절이도 牧　兄弟 형제　足鼎 정족　廣峙 광서　隱老 노은　狄 적　外羅老 외나로　鷹峙 응봉　竜 용

示山 시산 牧　草 초　瓮 옹　女鼓 여기　艾 애　將軍 장군　床 상　白

三 삼　鉢里 빌리　高峙 고서　圓 원

鹽 엄　小平 소평　草峙 초서

損竹 손죽　大平 대평　倭 해

大三 대삼　小三 소삼

三島 삼도

20-4 해남 海南 완도 莞島

한복판에는 해남반도, 우측은 장흥반도가 바다로 뻗어 있고, 그 사이 하천은 탐진강이다. 완도, 고금도 등이 떠 있는 그 앞바다는 다도해다. 가장 좌측으로는 진도 동부 지역이 보인다.

19-6	19-5	19-4
20-5	20-4	20-3
	21	

영아	▢ 영이 있는 읍치는 표시 안함	읍치	○무성 ◎유성	성지	🏔산성 ⛰관성	진보	☐무성 ▣유성	창고	■무성 ▦유성	목소	圌 牧 場屬
고현	●●◎유성 ◎구읍지 유성	고진보	▲ ⬟유성	역참	①	방리	○	능침	○원내 능호	봉수	▲	고산성	⛰	도로	10리 2 3 4

右水營 우수영
轉門 전문
鹿津 녹진
三校院 삼지원
碧波亭 벽파정
岩立 입암
古珍島 고진도
龍藏城 용장성
僉察山牧 첨찰산목
海 해
義新 의신
金甲島 금갑
貞女 정녀
金甲 금갑
子狗 구자
甲勳 조갑
栗 율
松 송
甘排 감배
茅 모

燕子 연자
鶴湖 학호
竹山 죽산
道藏寺 도장사
玉梅山景 옥매산
眉岩山 미암산
南郭山 남곽산
石峰 석봉
海南 해남
夫耶 부소
伊澄 징이
海 해
珍島寺浦 진도삼성포

金剛山 금강성
德陰山 덕음산
綠山 녹산
牛峠 우치
新豐 신풍촌
鷄峠島 계두
頭輪山 두륜산
大芚寺 대둔사
仙隱山 선은산
鐥頭 윤두
長春洞 장춘동
高多 고다산
白防山 백방산
南海古 고해남
梁路 노량
吾道峠 오도치
摩達山 달마산
松峰浦 송지
葛頭山 갈두산

青竹 죽청
鹿毛 노록
内笒 내등
黑羅里 흑나리
露兒 노아
小茅只 소모지
白羅里 백라리
豆應末 말응두
漁火 어화
介末 말개
餘只 여지
德愁 수덕
鳩 구
餘次羅 여차라
左只 좌지
東莒苔五 동잉거오
西莒苔五 서잉거오
横着 횡간
大花 대화
竹田 죽전
舖 보길
長佐 장좌
魚竜 어룡
古長 장고
小花 소화
安所 소안
富仁 부인
浪碧 벽랑
火界 계화
大也 대야
古馬 고마
加背 가배
恩波 은파
馬載 재마
應巨 응거
候 사후
銅梁 동량
大茅 대모
小茅 소모
訝邢 소흘
新智島 신지도
古今島 고금도
閔王廟 관왕묘
青山 청산
餘方 방여리
自募 자묵
距濟山 거제산
島別刀 별도
方餘里 방여리
十里 십리
加里浦 가리포
象王峰 상왕봉
新羅清海鎮 신라청해진
法華庵 법화암
松峠 송치
荒島 완도
牧 구목
牛 우
伏 복
牛駕 가우
野鳩 축
梨建 이진
白道 백도
新興寺 신흥사
寶岩 보암
甘泉川 감물천
九十浦 구십포
蒲津 원포
南壇浦 남원포
牧 구목
馬島 마도
天冠山寺 천관사
兵古 고장흥
松封山 송봉산
寧會浦 회령포
猿 대랑
狼小 소랑
大興 대흥
大猪 대저
小猪 소저
牛津島 우도진
大花 대화
小花 소화
佛湧山 불용산
天蓋山 천개산
界寺 계사
皇市城 황보성
會寧 회령
金沙峯 금사봉
助藥島 조약도
馬古 고마
山仙 선산
牧 구목

20-5 진도珍島

우리나라 서남 해안이면서 진도의 서부 지역이다. 진도 서남쪽 하마도(지금의 하조도로 추정)와 그 주변 섬들을 '조도군도'라 부른다.

	19-6	19-5
	20-5	20-4
		21

영아	□ 영이 있는 읍치는 표시 안함	읍치	○ 무성 ◎ 유성	성지	산성 관성	진보	□ 무성 ▣ 유성	창고	■ 무성 ▣ 유성	목소	牧 場屬
고현	● ◉ 유성 ◎ 구읍지 유성	고진보	▲ ▲ 유성	역참	①	방리	○	능침	○ 원내 능호	봉수	▲
				고산성	▲	도로	10리 2 3 4				

246

生若岾 우암서
鶻骨 골

飛麻 마비
琴 슬
良朗 일랑
津馬 마진
寋三 삼굴
大沙邑串 대사읍곶
山骨金 금골산

楮서
注주
汲加 가사
玉옥

之串東 동관지
杯接 접배

廟石 석남

馬走 주마

嘉輿 가흥
牧 목

面背 노면
鼓고
頁上 상조
兒加 가아
山智富 부지산
珍島 진도

竪長 장죽
島坪 평도
鉾쟁

浦可水 소가포
진도

佛불
牧 목
川浴 육십천

吉黑 흑길
山力智 지력산
智島 지사도
川加 가천

拜羅 나배

川岩廣 광암천

牀麻小 소마실
脯麻大 대마실
牧 중산
牧 목
串堂上 상당곶
臨淮 임회
蓼串 요곶

竹죽

山中

屈羅浦 굴라포
桃馬 팟마

南浦 남도포

跌秋 대천팔리
竹 죽항
高嵩 고사

東豆次里 동거차리
猪有 독거유
才三 삼재

酉巨次里 서거차리
少乇里 소천팔리

馬下 하마

才滿 만재

骨孟 맹골

21 추자도 楸子島

해남과 제주 사이의 바다다. 해남~제주 항로의 기항지로서 항로 표지가 되는 섬들을 표현하였고, 그 옆에 항로의 특징도 적고 있다. 항로에서 벗어난 섬들은 대부분 생략하였다.

	20-5	20-4	20-3
		21	
		22	

영아 ☐ 영이 있는 읍치는 표시 안함	읍치 ◯무성 ◎유성	성지 🗻산성 ～관성	진보 ☐무성 ▣유성	창고 ■무성 ■유성	목소 田 牧 場屬
고현 ●◉유성 ◎구읍지 유성	고진보 ▲ ◭유성	역참 ①	방리 ◯	능침 ◯원내 능호	봉수 ▲	고산성 ◮	도로 10리 2 3 4

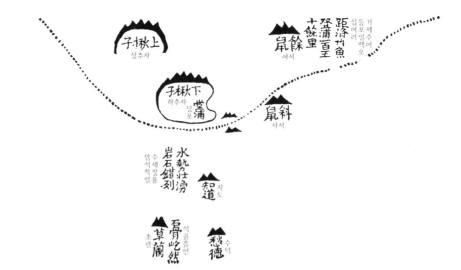

거제주어
십포일백오
등포일백오
십여리

距濟州魚
癸蒲百至
十餘里

子秋上
상추자

鼠餘
어서

子秋下
하추자
當蒲
당포

鼠斜
사서

水熱壯滂
岩石錯列
수세장용
암석착렬

知道
지도

愁德
수덕

殽屹然
草蘭
석굴흘연
초란

清路
청로

脱火大
대화탈
石壁削立
석벽삭립

距朝貢川
一百餘里
기조공천
일백여리

兩島之間
波濤沿涾
양도지간
파도흥용

脱火小
소화탈
石峯突立
석봉돌립

距涯月浦
五十餘里
거애월포
오십여리

22 제주 濟州 정의 旌義 대정 大靜

제주도 전체가 한 도엽에 그려져 있다. 제주도의 최고봉인 한라산은 약간 부드럽게 표현하였으며, 백록담도
그려 넣었다. 해안에는 제주를 지키던 진보들도 표시되어 있다.

	21	
	22	

영아 ☐ 영이 있는 읍치는 표시 안함	읍치 ◯무성 ◉유성	성지 🏔산성 ⛰관성	진보 ☐무성 ◼유성	창고 ■무성 ■유성	목소 ⊞ 牧 場屬
고현 ●◉유성 ◎구읍지 유성	고진보 ▲ ⛰유성	역참 ①	방리 ◯	능침 ◯원내 능호	봉수 ▲ 고산성 ◭ 도로 10리 2 3 4

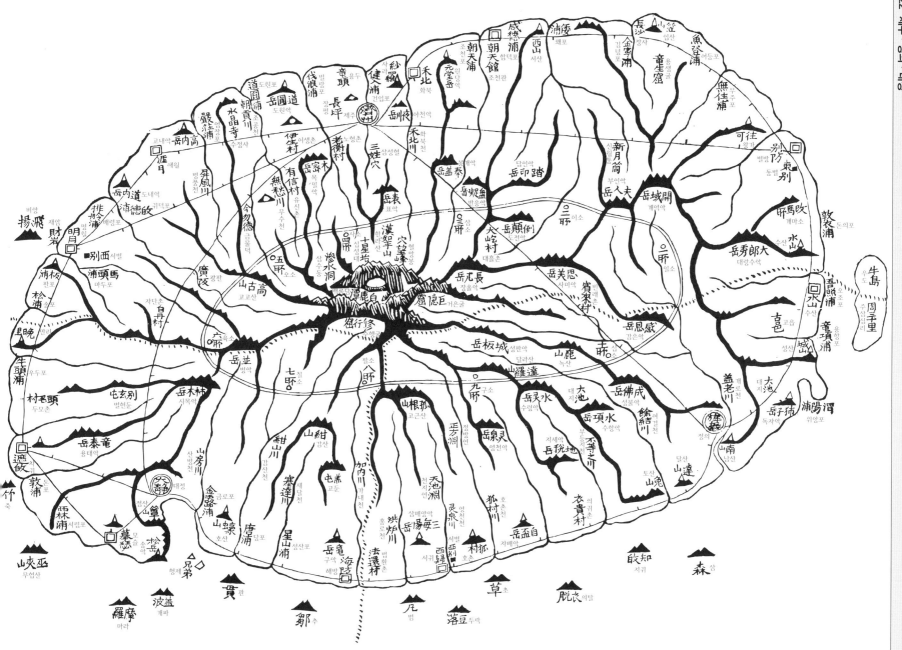

도편 최선웅

1969년 국내 최초의 산악전문지인 〈월간 등산〉(현재의 〈월간 산〉)을 창간했으며, 1974년 지도 제작에 입문해 (주)매핑코리아 대표이사,
〈계간 고지도〉 편집장을 거쳐 현재 한국지도학회 부회장, 한국고지도연구학회 이사, 한국지도제작연구소 대표로 활동 중이다.
저서로는 《해설 대동여지도》, 《2009년도 중학교 사회과부도》, 《전국 유명 등산지도 200산》, 《100명산 수첩》, 《백두대간 수첩》,
《한 권으로 보는 그림 한국지리 백과》, 《한 권으로 보는 그림 세계지리 백과》 등이 있고,
현재는 〈월간 산〉과 〈공간정보 매거진〉에 고지도 칼럼을 연재하고 있다.

글 민병준

1980년대 대학 시절부터 전국의 명산과 명승지를 두루 답사하였고, 〈월간 사람과 산〉 취재기자를 거쳐 1997년 히말라야의
낭가파르밧(8,125m)을 등반한 후 〈월간 사람과 산〉 편집장을 지냈다. 이후 〈월간 마운틴〉 편집장과 〈월간 아웃도어〉 편집주간을 역임했다.
1990년대 후반부터는 〈대동여지도〉를 들고 백두대간을 비롯해 이 땅의 산하를 두루 다니며 발품을 팔았다.
저서로는 《해설 대동여지도》, 《백두대간 가는 길》, 《백두대간 수첩》, 《한국의 아름다운 강》,
《대한민국 산 여행》, 《한 권으로 보는 그림 한국지리 백과》 등이 있다.

한글 대동여지도

1쇄 • 2017년 10월 31일   4쇄 • 2022년 10월 5일   도편 • 최선웅   글 • 민병준   발행인 • 허진   발행처 • 진선출판사(주)
편집 • 김경미, 최윤선, 최지혜   디자인 • 고은정, 김은희   총무 / 마케팅 • 유재수, 나미영, 허인화
주소 • 서울시 종로구 삼일대로 457 (경운동 88번지) 수운회관 15층   전화 (02)720 - 5990   팩스 (02)739 - 2129   홈페이지 www.jinsun.co.kr
등록 • 1975년 9월 3일 10 - 92   ※ 책값은 뒤표지에 있습니다.
ISBN 978-89-7221-990-3 03900

大東輿地圖

제___층

이 책의 지도를 각 층별로 이어 붙여 분첩절첩식으로 제책할 때,
오른쪽 이미지를 복사해 각 층마다 표지를 붙이고 층수를 표시하세요.
분첩절첩식으로 제책하는 방법은 부록의 설명을 참고해 주세요.